企业供应链突发事件风险预测与决策模型研究

叶世杰　胡大江　著

中国商业出版社

图书在版编目（CIP）数据

企业供应链突发事件风险预测与决策模型研究／叶世杰，胡大江著．-- 北京：中国商业出版社，2022.9
ISBN 978-7-5208-2212-1

Ⅰ．①企… Ⅱ．①叶… ②胡… Ⅲ．①企业管理-供应链管理-风险管理-研究 Ⅳ．①F274

中国版本图书馆 CIP 数据核字（2022）第 164406 号

责任编辑：袁开春
策划编辑：黄世嘉

中国商业出版社出版发行
（www.zgsycb.com　100053　北京广安门内报国寺 1 号）
总编室：010-63180647　编辑室：010-63033100
发行部：010-83120835/8286
新华书店经销
北京虎彩文化传播有限公司印刷
＊
710 毫米×1000 毫米　16 开　7 印张　133 千字
2022 年 9 月第 1 版　2022 年 9 月第 1 次印刷
定价：50.00 元
＊＊＊＊
（如有印装质量问题可更换）

前　言

在经济一体化背景下，企业间的竞争是"链与链"的竞争，这对企业之间的合作提出了新的要求，使得由企业所形成的供应链结构更加复杂化，也更易受到突发事件的影响。供应链突发事件有不确定性，其来源也多种多样。无论何种供应链突发事件都会给企业的正常运行带来严重的消极影响，造成成本上升、运行失灵、企业停摆等，并且该影响会随着供应链扩散，最终导致整条供应链上的节点企业受损，使得企业在"链与链"的竞争中失利。

本文在供应链突发事件管理的已有研究基础上，对供应链突发事件的预测和决策展开研究。首先，通过实例研究获得供应链突发事件预测的指标体系和数据。其次，针对供应链突发事件的不确定性采用软计算方法构造预测模型，对企业供应链突发事件进行预测。最后，借鉴已有研究并根据预测结果，从供应链设计、采购来源、冗余储备等方面帮助企业做出供应链突发事件应对决策，帮助企业避免供应链突发事件影响、及时应对供应链突发事件、减少供应链突发事件损失。

本书在撰写过程中借鉴、吸收了部分学者的研究成果，在此表示感谢。由于水平有限，书中仍难免存在不足之处，敬请广大读者批评指正。

作　者

2021 年 7 月

目 录

第一章 绪论 ··· 1
 第一节 研究背景 ··· 1
 第二节 研究意义 ··· 2
 第三节 研究内容 ··· 4
第二章 相关理论及方法介绍 ·· 6
 第一节 企业供应链突发事件管理研究 ···························· 6
 第二节 供应链突发事件管理框架研究 ··························· 13
 第三节 供应链突发事件定量方法和信息技术 ················· 14
第三章 基于软集合多类支持向量机方法的供应链突发事件经济损失
   评估研究 ·· 18
 第一节 绪论 ·· 18
 第二节 软集合方法简介 ··· 19
 第三节 基于软集合的供应链突发事件经济损失评估指标 ··· 21
 第四节 供应链突发事件经济损失评估方法 ···················· 25
 第五节 案例研究 ·· 28
 第六节 小结 ·· 33
第四章 基于多类支持向量机的企业供应链突发事件研究的经济绩效
   数据识别方法 ·· 35
 第一节 绪论 ·· 35
 第二节 多类支持向量机简介 ······································ 36
 第三节 供应链突发事件的 MC-SVM 框架 ····················· 40
 第四节 2007 年至 2011 年企业供应链突发事件的经济绩效识别
   案例研究 ·· 43

— 1 —

第五节　2017年至2021年企业供应链突发事件的经济绩效识别
　　　　　　案例研究 ·· 53
　　第六节　小结 ·· 62
第五章　基于多类支持向量机方法的供应链突发事件风险评估研究 ··········· 64
　　第一节　绪论 ·· 64
　　第二节　供应链突发事件风险评估体系 ·· 66
　　第三节　供应链突发事件风险评估的多类支持向量机简介 ·················· 67
　　第四节　案例研究 ·· 69
　　第五节　小结 ·· 74
第六章　结　论 ·· 75
参考文献 ·· 77
附录A　供应链识别指标数值计算公式 ·· 92
附录B　样本企业926份供应链突发事件公告描述统计结果 ···················· 94
附录C　主成分评估指标数据（部分） ·· 96

第一章 绪 论

第一节 研究背景

当前,企业面临着越来越严峻的市场竞争环境,必须考虑如何提升核心竞争力,并通过合作借助外部资源实现企业利润最大化,这对企业之间的分工专业化合作提出了新的要求。在这种竞争环境下,市场竞争已经不仅仅是企业之间的竞争,还是供应链之间的竞争。随着全球采购、跨国产业链、拉动式生产等现代生产模式和商业模式的普及和发展,企业供应链也越发专业化和复杂化。

从供应链中各企业间的相互依赖关系来看,同一企业在不同供应链中所处的位置不同,企业制定战略时就必须因地制宜,这增加了企业战略制定的复杂性;同一供应链中的不同企业要实现效益最大化,就必须通力合作、协同管理。供应链上一个节点的运行失灵或者节点间的协调失效,都会导致整条供应链的断裂,给链条上的所有企业造成严重的损失。

从供应链外部环境来看,近年来,由自然灾害、政治冲突、海盗行为、经济危机、信息系统破坏或者运输基础设施失效等导致的供应链严重突发事件频发,给社会经济造成巨大损失。例如,1993年,日本知名半导体原料供货商住友化工工厂发生爆炸,严重威胁全球半导体供货;2000年,美国新墨西哥州飞利浦公司第220号芯片厂发生火灾,使爱立信损失4亿美元的销售额,市场份额也由此前的12%降至9%。2011年,日本"3·11"大地震及海啸,其产生的牛鞭效应迅速波及了全球范围的供应链。因此,日本失去了其作为产量第一的汽车制造国的位置。2011年的泰国洪灾对高科技产业造成了严重冲击。英特尔公司宣称在2011年第四季度损失了10亿美元，这主要由于计算机原型设备制造商（OEMs）无法从泰国进口计算机制造所需的硬件，因此原型设备制造商（OEMs）也不再从英特尔公司购买芯片。2005年的卡特里娜飓风，影响了全美10%~15%的石油产量，造成国内国际油价上涨。Business Continuity Institute 的一份报告显示，全球供应链中85%的企业在2014年至少遭遇了一次供应链突发事件。此类突发事件造成了巨额损失，导致收益下滑，待工时间增加，发货延迟，丢失客户以及声誉受损。据我国国家统计局公布数据，2008—2009年，我国各类自然灾害造成直接经济损失达14275亿元。2005年年初的印度尼西亚海啸阻断了我国棕榈油的进口，使几千家公司断了原料。2014年各类自然灾害共造成直接经济损失3373.8亿元。

综上所述，供应链中各企业间的相互依赖关系和供应链外部环境的突变性所造成的供应链易损性和不确定性使得突发事件频繁发生。突发事件具有引发的突然性、危害的严重性、变化发展的不确定性及处置的紧迫性，因此，给企业供应链管理带来了巨大的风险。供应链网络结构的错综复杂性、外部环境的不稳定性、各类风险对供应链的破坏程度比对单个企业要严重得多。任何一种微小的风险都可能带给供应链剧烈的连锁反应，对供应链系统造成破坏，给上下游企业以及整个供应链带来损失。因此，在企业供应链的运行和管理中，对突发事件进行有效的识别和应对是当前企业管理者所面对的一个十分重要的问题。同时，这也为学术界相关概念研究、方法研究和模型研究等领域提出了新的挑战。

第二节　研究意义

供应链突发事件研究思想来源于"航空公司应急管理系统的研究"。而应急管理（Disruption Management）是由柯松（Causen）等于2001年提出，主要应用于解决航空公司突发事件。专家研究认为，企业供应链突发事件是因供应链中各企业间的相互依赖关系和供应链外部环境的突变性所造成的供应链易损性和不确定性，其会造成企业的运营问题和经济损失。

从企业供应链管理的角度出发，当前对于突发事件的研究主要集中在突发事件的识别、评估和应对这三个方面。

一、企业供应链突发事件的识别研究

从企业供应链突发事件的识别研究来看,企业供应链的竞争力在很大程度上取决于企业供应链管理过程中控制各种风险的能力。在经济全球化的直接影响下,企业获取竞争优势,培育核心竞争力,打造世界知名品牌,都有赖于供应链网络的竞争力。因此,加强对企业供应链风险的管理,对可能发生的危机事件进行事先识别和防范,能够起到防患于未然的作用。建立企业供应链突发事件识别体系的最终目的是提早发出警报,进而采取预先防范控制措施,降低风险管理成本,减少风险危害,提高风险管理的效率。因此,开展企业供应链突发事件的识别研究具有十分重要的理论和现实意义。企业供应链突发事件的识别研究主要集中在方法和模型研究上。

二、企业供应链突发事件的评估研究

企业供应链突发事件损失评估的是企业供应链受到突发事件冲击时所遭受的损失包括直接损失和间接损失。直接损失主要包括产品不能满足需求造成的无法供货损失、销售额损失等;间接损失包括违约损失、顾客满意度和忠诚度下降、市场份额下降、品牌形象受损等。准确的供应链突发事件损失评估对于减少企业供应链突发事件的消极影响有着重要意义。近年来,国内外已对企业供应链突发事件的损失评估从供应链选址、供应链架构设计、证券价格和资本风险等方面开展了评估模型和评估算法的研究。

三、企业供应链突发事件的应对研究

在企业供应链突发事件发生后,企业如何利用自身资源和供应链关系及时采取应对措施,降低或消除突发事件的影响,减少经济损失,是企业供应链突发事件应对研究或缓冲研究的主要目标。在这一方面,已有文献分别从实践措施和理论模型等方面进行了研究。例如,增加供应链弹性、协调供应链节点企业关系、企业采购调整、企业文化调整、证券市场干预等。在方法研究方面,神经网络、支持向量机等被应用于处理突发事件应对的不确定性;在模型方面,价格模型、契约模型、信息不对称模型等被应用于指导企业应对供应链突发事件。其中,部分模型和方法已应用于实践。

综上所述,在企业供应链突发事件的识别、评估和应对等不同阶段采用合适的方法和模型进行分析,有助于企业减少突发事件发生的频率,降低突发事件的

成本，缓解突发事件的影响，从而使得企业供应链保持常态化运行，提升企业的竞争力。企业供应链的竞争力在很大程度上取决于供应链管理过程中控制各种风险的能力。在经济全球化的直接影响下，企业获取竞争优势，培育核心竞争力，打造知名品牌有赖于供应链网络的竞争力。因此，加强对供应链风险的管理，对可能发生危机事件进行事先预测和防范，能够起到防患于未然的作用。而建立供应链风险预警体系的最终目的就是尽早识别风险，提前发出警报，进而采取预先防范控制措施，可以降低风险管理成本，减少风险危害，提高风险管理的效率。因此，开展企业供应链突发事件识别、评估和应对的研究具有十分重要的理论和现实意义。

第三节　研究内容

一、研究重点

根据上述企业供应链突发事件管理的作用和意义，从实践性需求和理论性方法出发，本研究立足于定量分析方法模型，将研究重点放在企业供应链突发事件的识别和评估上。通过对已有企业供应链突发事件指标体系、测量技术和评估方法等的研究，研发适合具体实践应用的企业供应链突发事件评估和识别框架。对企业供应链突发危机事件的影响因素以及因素之间的关系开展理论和实践研究，构建相应的评估和识别的指标体系。针对指标及影响因素，引入基于软集合理论的信息分析方法，通过指标体系挖掘企业供应链突发事件中各指标以及影响因素之间的关系，并对所得结果在具体问题中的实践表现进行研究。

二、研究难点

研究难点是如何在供应链突发事件下，考虑供应链上各个节点企业之间的风险因素的相互影响和综合决策，考虑企业内外部因素和节点企业的利益协调，并给出有效的算法。

（1）基于定量方法模型的企业供应链突发事件识别，对节点企业之间相互影响以及风险因素运用定量方法进行智能评估，建立两者之间的综合智能评估模型，并给出实用有效的算法。

（2）根据供应链上各节点企业内外部环境因素构建企业供应链突发事件识别所需的指标体系，并根据数据和指标特点，采用定量方法进行分析，构建企业供应链突发事件识别框架，帮助企业建立进行供应链突发事件预警机制。

三、本研究拟采用的技术路线

（1）本研究立足于已有研究基础，广泛查阅与本项目相关的国内外资料，掌握企业供应链突发事件评估、识别与决策问题及其相关软集合理论的研究现状、最新成果和发展趋势，并进行深入分析、归纳和总结。

（2）从影响企业供应链突发事件因素出发，采用理论分析和数据挖掘相结合的方法，找出影响企业供应链突发事件因素的内容和特征，采用以软集合理论与方法、智能分析与优化技术为主，定性分析为辅的研究方法，完成从识别—分类—评价—约简的分析过程，建立基于软集合的企业供应链突发事件评估模型。

（3）在企业供应链突发事件评估与识别影响因素关系判别研究的基础上，根据因素间关系的内容以及数据对象的特点，采用软集合、软计算、运筹学、规则推理等研究方法，通过定性分析确定备选模型，构建企业供应链突发事件识别模型。

第二章 相关理论及方法介绍

第一节 企业供应链突发事件管理研究

已有文献中,关于供应链突发事件管理的研究是针对现实中供应链(Supply Chain,SC)运行环境的不确定特性,对理论与实践之间的空缺进行完善。首先,从供应链突发事件管理真正成为一个多方面问题开始,人们就采用了多种不同的方法对其进行研究。其次,针对 SC 和运行突发事件管理的已有架构进行了分析。最后,人们将定量分析工具用于 SC 和运行突发事件管理。

一、供应链突发事件成因研究

研究者针对多个供应链中的突发事件成因展开了大量研究。Qi 等就突发事件对供应链的运行和绩效的影响提出了 4 个基本成因。亨德里克斯(Hendricks)和辛加尔(Singhal)通过实例研究量化了供应链突发事件的消极影响,并发现在一次突发事件发生前 1 年和发生后 2 年的三年期间,企业相对于基准水平都出现了 33%~40% 的较低回报,其对于盈利能力造成了巨大的消极影响,营业收入下降了 107%,销售增长下降了 7%,成本上升了 11%,企业在突发事件后 2 年中都保持较低的绩效水平。在供应链突发事件的风险研究中,乔普拉(Chopra)和索迪(Sodhi)将潜在的 SC 风险分为 9 类:突发事件(自然灾害、战争等)、延误(供应源缺乏弹性等)、系统(信息基础设施故障等)、预测(预测不准确,牛鞭效应等)、知识产权(垂直一体化等)、采购(汇率风险等)、应收款项(消费者数目等)、库存(库存持有成本、库存需求及供应不确定性等)、能力(能力成本)。企业供应链突发事件的风险来源如图2-1所示。

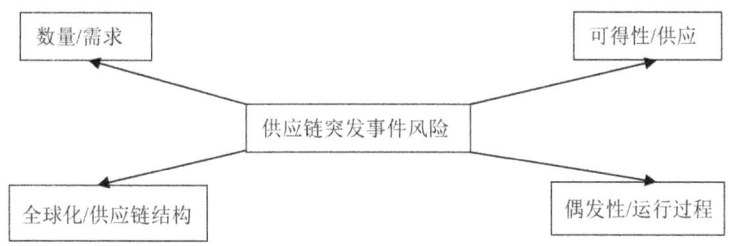

图 2-1 供应链突发事件的风险来源

因为需求和供应不确定性,突发事件风险与随机不确定性和日常商务运作相关,因此,研究者并没有过多考虑它们,而是将注意力放在突发事件层面上。

第一,经济全球化和业务外包趋势使得供应链更加复杂,也更不容易进行观察和控制,这些供应链作为系统将对突发事件变得更加敏感。该领域中的大量研究都放在运输渠道的突发事件上。

第二,精制过程、单一采购等的有效性在突发事件背景下都失去了效用。因此,面对轻微波动,供应链甚至就变得更易受损。全球供应链上的任一突发事件,特别是在供应基础环节出现问题,将立刻对整条供应链造成影响。

第三,随着制造过程的专业化和地域化,一个或几个节点的突发事件将影响供应链上的所有节点和链条。

第四,信息技术(IT)成了全球供应链的关键部分,因此,IT 的突发事件对于物资流的突发事件可能也有重要影响。

道迪(Dowty)等使用来自社会人类学、经济学和公共管理的一种文化模型,通过两个人道主义供应链危机的跨组织案例进行解释,得出对文化偏好的缺少了解是企业供应链突发事件管理性能糟糕的一种原因。

亨德里克斯(Hendricks)等根据实证研究表明,企业供应链越松散的公司其所受证券市场消极反应越少;业务多样化的公司对证券市场消极反应没有重要影响;地理多样化越多的公司受到来自证券市场消极反应越多;垂直关联性越高的公司所受证券市场消极反应越少。

亨德里克斯(Hendricks)和辛加尔(Singhal)根据1989—2000年的827份突发风险公告的样本对供应链突发事件的长期证券价格效应和股本风险效应进行了研究,探讨了财务杠杆风险增长对股本风险增长的作用。

克林多佛尔(Kleindorfer)和萨德(Saad)关注了正常商业行为出现突发事

件的风险，并提出一种概念框架来反映风险缓冲和风险评价的联合行为，这对于企业供应链突发事件风险管理而言具有重要作用。

弗里兹（Friesz）等提出一种由微分变异不等式表示的动态供应链神经网络模型，模型新颖之处在于允许考虑供应链突发事件对生产者、运输者和零售商带来的威胁。

二、企业供应链突发事件识别研究

在了解企业供应链突发事件成因的基础上，及时正确地识别企业供应链突发事件，是管理者进行企业供应链突发事件管理的一个重要环节。在该领域中，研究者已经采用了多种研究方法，其中最主要的是人工智能方法和统计学方法。

乔普拉（Chopra）和索迪（Sodhi）提出了企业供应链突发事件风险的一系列成因，奥凯（Oke）调查了企业供应链中的企业所面对的风险类型。

Wei 等采用不可运行性输入输出模型（IIM）来评价突发事件对不安全环境中企业供应链网络的影响，采用一个供应链网络案例来解释如何采用 IIM 来处理不安全环境中供应链的系统风险评估。

Ye 等采用多分类支持向量机模型对企业的财务指标数据进行分析，通过对企业进行分类分析提取出财务绩效与供应链突发事件之间的联系，并通过一个案例研究对模型进行了验证。

三、供应链突发事件评估研究

在实践中，企业供应链突发事件成因研究和识别研究主要用于企业供应链突发事件的事先控制。由于企业供应链突发事件预警要实现高精确性基本上是不可能的，因此，企业供应链突发事件的事后控制在实践和理论研究中显得更加重要。供应链中各企业间的相互依赖关系和供应链外部环境的突变性使得供应链存在发生突发事件的可能性，突发事件所造成的企业损失最终作为经济损失可通过企业的发布而得知并进行评估，这有助于减少供应链突发事件对企业的消极影响。因此，构建合适可行的评估指标和评估方法对提高评估的准确性具有重要意义。

一方面，供应链突发事件所造成的企业损失最终表现为经济损失，其在实践中是可观察的。已有研究者将企业在市场中的证券表现、供应链架构等作为供应链突发事件损失评估指标。实践中，企业供应链突发事件经济损失评估的结果既呈现出定性化特点，如"轻微""一般""严重"；又呈现出定量化特点，如企业根据自身偏好所划分的经济损失分布区间。因此，如何根据实际中企业可用信息选择合适的、可行的评估指标是企业提升供应链突发事件经济损失评估准确性的基础。

当前，供应链突发事件中损失的评估指标研究还处于初始阶段。亨德里克斯（Hendricks）等在研究证券市场对供应链突发事件的反应时，采用了企业运营松弛度、商业多样性和地理多样性作为评估指标，但他们的目标并非供应链突发事件经济损失评估。克雷格黑德（Craighead）等将供应链密度、复杂度和节点重要度作为评估指标来分析供应链突发事件造成的企业损失，但未涉及经济损失。孙琦和季建华分析了供应链突发事件损失的主要影响因素，包括供应链长度、致密度等。亨德里克斯（Hendricks）和辛加尔（Singhal）在检验供应链突发事件对企业证券价格和资本风险的影响时，采用了盈亏平衡点和异常回报等指标。李忱和吴丽花定义了五种类型的供应链突发风险，但缺少相应的指标性能分析。

另外，供应链突发事件的偶发性使得企业可用信息呈现出不连续分布，以及小样本特点。同时，由于企业担心在采取应对措施之前发布供应链突发事件信息会造成经济损失，其在主观上存在隐瞒或者延迟发布相关信息的可能性，这也是企业可用信息表现出小样本特点的一个原因。因此，针对企业可用信息的小样本特点，选择合适的评估方法对于提升评估精确性具有重要作用。

当前，供应链突发事件损失的定量化评估模型及方法研究正处于发展阶段。已有供应链突发事件损失评估方法研究主要包括描述统计、概率分布以及抽样调查等。Wei 等采用了 Inoperability Input-Output 建模方法，并指出该方法存在系数常数假设、影响因素不足等问题。李忱和吴丽花建立了基于 BP 神经网络的供应链突发风险评价模型，当用于具有小样本特点的供应链突发事件损失评估时，其模型的网络架构和学习过程需进行改进。董菁等采用叠加法进行供应链突发事件损失评估，但缺少相应的实验结果。另外，在供应链突发事件的协调研究中，也对供应链突发事件损失评估进行了探讨，但其属于理论仿真研究。吴军等指出，"由于突发事件的发生概率小且难以预测，但会造成巨大损失，如何选择合适的度量工具来评价这些措施是一个值得研究的问题"。

四、供应链突发事件应对研究

沿袭供应链突发事件识别，近期文献就供应链突发事件应对策略进行了讨论。这些策略可分为适应性领域和恢复性领域，如图 2-2 和图 2-3 所示。

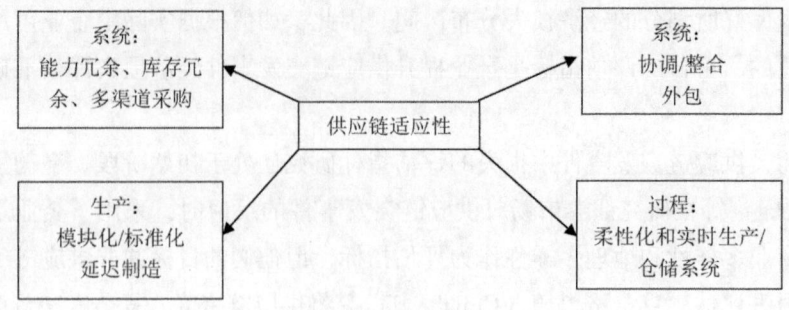

图 2-2　供应链适应性

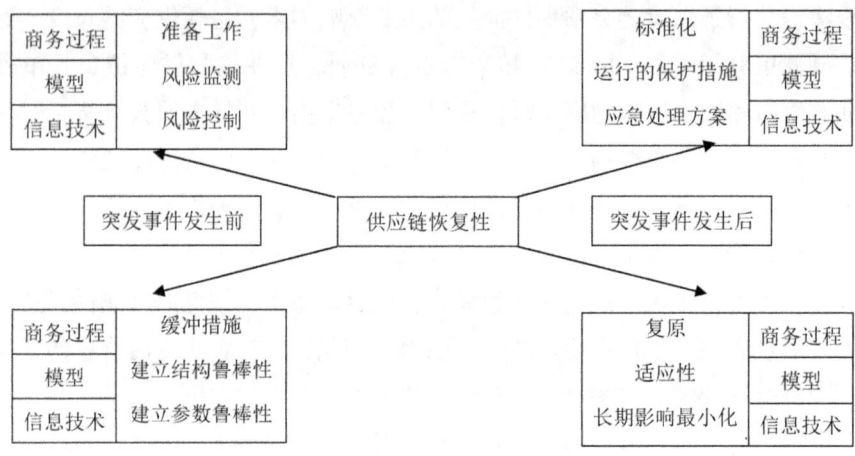

图 2-3　供应链恢复性

适应性的基础领域包括系统、生产和过程的适应性。一些适应性由结构组件和战略组件形成。多数企业采用了生产和过程的适应性策略。例如，大众汽车生产系统实施 VPS 战略。供应链中的协同和外包策略在实践中也非常典型，许多企业都投资于结构冗余，例如，丰田汽车将其供应链扩展至多采购渠道并且在供应地修建新工厂。适应性的四个要素可看作供应链突发事件的应对策略。因此，适应性和恢复性的要素往往都是相互连接的。企业供应链的恢复性、适应性和性能如图 2-4 所示。

供应链的净利润最大化取决于收入和成本。收入直接受服务水平的影响。供应链中可变成本包括库存、原料、生产和运输成本。库存增加、额外生产能力、备用运输线路或备用供应商等都会带来销售额和服务水平的上升。这些额外增加会导致销售水平和服务水平的上升，减少波动的风险性，并可能影响已有运行方案。因此，更好地达到规划目标（例如延迟最小化），会对销售额和服务水平带来积极影响。上述关系如图 2-5 所示。

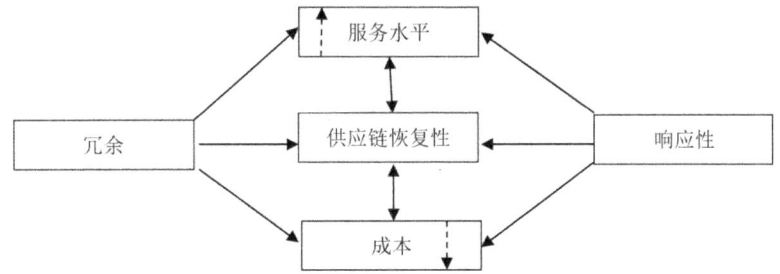

图 2-4 供应链的恢复性、适应性和性能

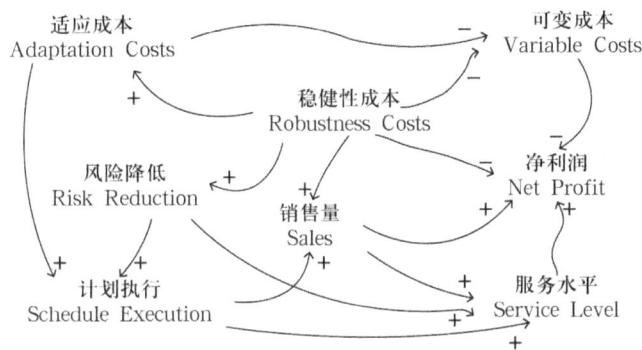

图 2-5 供应链突发事件分析组成和供应链性能控制

供应链适应性中的冗余成分和响应成分可能导致成本和服务水平同时上升。而一条供应链优化后的恢复性状态，表示供应链的适应性允许供应链以最低成本达到最高服务水平。

具体来看，供应链突发事件应对研究在当前供应链突发事件管理研究中所占比例最高。从研究方法上，其可以分为下列类型。

首先，通过调整供应链企业之间的契约关系或合作关系来应对突发事件，例如，回购契约、收益共享契约、价格折扣契约。李（Li）等观察了供应链突发风险环境中一个零售商的供应需求策略和两个供应商的定价策略，并总结了在集中环境和离散环境下零售商的供应需求战略的特点。程（Cheng）等研究了由一个制造商、一个支配零售商和多个附加零售商构成的两种合作模型，并以此研究如何在需求突发危机出现后进行供应链合作，考虑了两种合作策略：线性数量折扣策略和 Groves 批发价格策略。肖（Xiao）等研究了在需求出现突变时，一个制造商和两个竞争零售商组成的供应链合作机制：一种是生产变动成本可能归于制造商或者零售商；另一种是供应链节点企业采用线性折扣策略或全单元折扣策略。黄（Huang）等研究了由一个供应商和一个零售商组成的供应链在市场需求出现突发风险时的合作问题，采用一个指数需求函数，并引入惩罚成本来获取因市场需求突发风险造成的生产偏差成本。

其次，通过对供应链上下游之间的采购、库存和分销运行进行调整来应对突发事件，例如，采购策略、库存策略和销售策略。赵（Zhao）等研究了一个闭环供应链网络怎样对复杂供应链进行协调。当供应链网络突然出现突发事件时，考虑了三种仿真策略。汤姆林（Tomlin）研究了一家公司可从两家供应商进货，一家供应商是不可靠的，另一家可靠但是成本昂贵的问题。发现供应商的正常运行时间百分比和突发风险本质是最优策略的关键决策要素，以及偶然的进货渠道常常是最优突发事件管理策略的组成部分之一，它能显著减少公司的成本。朱（Zhu）等在需求突发事件背景下，研究了供应链运行效率有关的企业能力调整和决策制定。讨论了通过能力储备合同进行企业能力扩张和供应链协调的条件。奥凯（Oke）调查了美国一家大型零售商的供应链的风险类型和风险管理，将风险分为固有风险和突发事件风险，研究了针对这些风险的处理策略和缓冲策略。施米特（Schmitt）研究了一个多阶层供应链网络，突发事件可能发生在任意层次，对此提出相应的库存战略。施米特（Schmitt）和辛格（Singh）分析了多层供应链网络的库存放置和备份设置策略，以及它们减轻供应链突发事件影响的作用。研究了来自供应突变和需求不确定性的风险，比较了它们的影响和对应策略。雷韦娜（Revilla）和杰苏（Jesus）通过对收敛性和相异性（国家具体性）进行讨论来分析供应链突发事件管理（SCDM）框架的普遍性。结论表明，虽然不同国家的风险来源不同，但是SCDM的实践却具有收敛性。施米特（Schmitt）等研究表明当需求确定而供应链发生突发事件时，采用离散化库存设计能通过风险分担减少成本偏差，这与传统的结论相矛盾。当需求随机而供应链发生突发事件时，风险规避型企业应该选中离散化库存系统设计。惠特尼（Whitney）等对供应链突发事件的采购多样化策略进行了案例研究，发现产品和生产的具体性限制了恢复性备选措施。企业如果对于采购多样化缺少了解，则会导致突发事件应对不足。达瓦扎尼（Davarzani）等研究了由于制裁引起的突发事件造成生产能力不稳定，供应商无法供货时，"企业怎样选择单一采购、双重采购和多重采购等不同的策略来处理这些潜在的突发事件"，分析并比较了不同采购策略。

最后，克鲁兹（Cruz）等提出一个框架用于获取供应链管理中信息管理和风险分担合同的作用，分析了战略信息收集、供应链突发事件风险分担和成本分担的影响力，并且评价了风险分担合同对于供应链的作用。萨维克（Sawik）提出一种公平优化的决策问题。在已知客户的产品订单后，决策者需要选择零部件供应商以完成订单，将零部件需求分配给所选择的供应商，并在计划期中对订单进行调度，进行公平的期望成本和期望客户服务水平优化。玛蕾（Marley）等针对供应链突发事件应对措施提出一种替换策略，通过检验当前过程来确定该过程是否可采用普通事件理论和该过程的交互复杂性结构进行简化，并将两者结合为一种理论性基础。邵（Shao）通过实例研究表明，供应链地理分布对于企业的突发事件恢复能力有消极影响，供应链敏捷性对于企业的恢复能力有积极影响，供应链的整合性对于企业的突发事件预警能力和恢复能力有直接的积极影响，供应链的可视性能强化企业突发事件的预警能力。

第二节　供应链突发事件管理框架研究

对于企业而言，企业供应链突发事件可能意味着收入的损失和成本的上升。因此，企业供应链突发事件管理可看作一种重要能力，帮助企业确定风险的潜在来源，并采取有效措施避免或控制供应链的易损性。一个典型的供应链事件管理（SCEM）有四个部分：识别、评估、反应、监控和评价。

SCEM 框架在上个十年间的实践中被广泛应用。SCEM 旨在及时识别供应链中的偏差以及偏差的危险性，分析偏差，并且预警发生了何种突发事件或者可能发生何种突发事件，提出控制措施来恢复供应链的运行。

SCEM 由五个功能组成：过程监控、通告不被允许的参数偏差、可用纠正措施的仿真、选择一种控制活动来消除偏差、基于性能指标的测量。

SCEM 基于三个驱动要素。首先，采用追溯系统（T&T）、RFID 和移动装置来提供一个执行过程的当前信息。其次，采用例外管理的方法来筛选信息，将实际参数数值与事先计划的数值进行比较。最后，采用面向事件规划的方法在消极事件下提出纠正措施。

在 SCEM 概念中，事件是一个关键点。事件可能是消极的，也可能是积极的。突发事件报警和恢复的一个基础是运用执行参数可容偏差的可容区间，在 SCEM 中一个具体的参数可容偏差的可容区间被设定为相关事件、警报和纠正措施。

如果参数值超出了区间范围，那么将发出警报。但是，这样仍存在两个问题：一是怎样确定可容区间的边界；二是针对具体的突发事件应该采取何种纠正措施。在各种文献中,还没有任何正式方法来确定可容区间。在实际中,此类决策的制定通常基于启发式方法或者专家分析。

阿尔泰（Altay）和格林（Green）（2006）提出一种框架以在灾害管理中进行 OR/MS 研究,该框架有以下阶段：缓冲、准备、反应和恢复。近年来,不同研究者对供应链恢复性和突发事件的管理开展了大量研究。例如,布莱克赫斯特（Blackhurst）基于供应链突发事件严重性的研究提出全球供应恢复性的经验框架。佩蒂（Petti）提出一种区分三种可能的供应链状态的框架：状态 A——与能力有关的过多缺陷将导致过多风险；状态 B——与缺陷有关的过多能力将降低盈利能力；状态 C——当能力与缺陷更加平衡时,供应链性能得到提升。

第三节 供应链突发事件定量方法和信息技术

已有的供应链突发事件定量研究来自三个方面：一是怎样综合供应链配置、总体规划和调度安排以最大化或确保实现预期性能（效率和有效性）；二是怎样在突发事件下保持稳定和鲁棒性；三是怎样在突发事件下实现适应/恢复。

为了回答这三个问题,研究者采用了各种定量方法。近期,一些文献研究强调,需要将供应链在动态性、实时性能和不稳定的执行环境下进行研究。这些研究采用不同方法来分析不确定性对于供应链性能的影响,其通常基于稳定性、鲁棒性、适应性和恢复性等类别。然而,与供应链动态性、不确定性和性能有关的术语定义已经发生了明显的变化。例如,在商业文献中,上述类别的频繁使用与通常文献一样；在系统控制理论中,这些类别都有着具体的技术含义。

一、供应链突发事件识别与应对的定量方法和信息技术

近年来,有关研究对于帮助供应链应对不同突发事件的两种基础方法——事后和事先——进行了发展以处理不确定性。事后方法的目的是在出现未预料的事件时,对供应链过程和结构进行调整。事前方法则建立特定的保护措施,并在供应链构造阶段和运行规划阶段就考虑了可能的扰动因素。

在变量设计的第一阶段的结构层面上,研究者采用图论方法进行供应链结构的分析。例如,瓦格纳（Wagner）和娜夏特（Neshat）等提出一种量化风险的方法,采用了基于图论的邻接矩阵的参数。但是,他们是没有考虑供应链随时间运

行的动态特点以及由此导致的结果。阿尔希波夫（Arkhipov）等引入一种基于热力学的复杂性测量方法用于供应链设计。

在参数层面，近期文献也采用了不同方法来强化供应链以缓冲在设计阶段出现的不确定性的影响。这些方法主要基于混合整数规划、随机方法和ROBUST优化方法、模糊优化以及系统动力学。

另一个广阔的研究领域是供应链稳定性和鲁棒性。对于该问题，经典控制理论已被大量应用。控制理论专家通过采用微分方程对供应链及运行进行建模。这是因为该问题的许多有影响力的特征能简洁表述为动态形式，控制理论的许多工具和方法都可应用于系统动力学。这种方法的基本原理是拥有适度复杂性的模型——理论研究模型——可提供关于因素的信息，这些信息与实际系统中相同因素的信息是一样的。微分方程模型的另一个优点是可用于适应/恢复阶段。

稳定性和鲁棒性的理解依赖于考察的系统、方法和系统分析的目标。基本上，机械系统的不同形式的李雅普洛夫稳定性（渐进式或指数式）或者控制系统的有限输入有限输出（BIBO）稳定性都能加以区分。李雅普洛夫稳定性由目标的自然移动来定向，并且研究目标对于来自稳定状态中细微偏差的反应。BIBO稳定性研究的是对于控制变量和输出变量的外部扰动的影响。梅多维杰（Mesarovich）和高原（Takahara）（1975）将稳定性视作确保系统行为持续性的一种性能。虽然BIBO稳定性分析可作为涟漪效应的一种有效工具，但是在经典应用中，其面临诸多限制。首先，经典模型包含了目标的自然移动。其次，经典模型只考虑控制变量和输出变量的非常小的偏差。再次，稳定性分析在任何稳定状态下有助于评价供应链的变化，但其不足以稳定供应链。因此，在其下一步骤中必须包含供应链性能的考量。最后，经典稳定性分析是为机械和自动化系统找到平衡状态。因此，在一个个体对于系统的基础状态会产生影响的情况下，这些方法难以适应过程分析。

通过鲁棒性和稳定性分析，就能对供应链综合决策中的不稳定运行性能目标进行整合。例如，相关专家研究了供应链的一个节点在突发事件风险下的性能测量和鲁棒性分析。但是，在许多案例中，扰动是无法避免的。因此，需要通过调整来改变供应链的调度策略或库存策略以达到预期的产出。在这种情况下，供应链仅在人为决策的基础上具有鲁棒性和稳定性，它不同于钟摆可通过自然规律而不需要外部调节就能恢复到稳定状态。在供应链中，调整是稳定性和鲁棒性的前提条件。

因此，维持、执行和恢复预期的运行方案，通过调整达到预期性能是供应链的下一个目标性能。许多研究者认为该性能与供应链的恢复性有关。具特纳（Jüttner）和马克兰（Maklan）将供应链恢复性和金融危机相联系。主要任务是扩展恢复性策略，在通常商务环境下不降低供应链效率的同时提供突发事件的调整性保护。调整的成本也可认为是持有冗余的成本。

在恢复性分析中，仿真研究处于主要地位。Jin 等采用一种基于蒙特卡罗仿真的方法来评估由某种具体灾害导致的突发事件对于供应链的影响，该方法评估了供应链由于灾害的发生而导致的产出损失的概率分布。施米特（Schmitt）和辛格（Singh）采用仿真方法针对多层供应链中的突发事件风险提出一种定量评估，将通过"恢复周数"将突发事件风险量化为突发事件的放大效应。

在信息技术层面上，在供应链准备阶段，人们采用的是高级规划调度（APS）和早期报警系统。虽然近期许多改进的供应链优化方法表现出明显优势，但是这些在 APS 信息系统中实现的模型仍然没有考虑实践中重要的运行性目标，如鲁棒性、稳定性和适应性等。这是相关理论和实践之间的一个空缺。

二、供应链突发事件恢复的定量方法和信息技术

在供应链的运行中，结构动态性和出现偏差下的决策制定是重要的问题之一。这与不确定性环境下的供应链控制和调整相关。在这些不确定环境中，需要通过反应和恢复来找出如何更最好地进行稀有资源的分配以重建/重联供应链，从而保证连续性和生存。

突发事件是难以预测的，因此也难以事先做好计划。供应链管理者需要将 40%~60% 的工作时间用于突发事件的恢复。因此，供应链控制方法在实践中愈发重要。由 RFID 技术提供的反馈控制能用于将突发事件信息有效传达至其他参与者，帮助修订初始调度方案。对调整进行优化的一个可行算法基础是控制理论。

供应链调整的研究领域是模型预测控制（MPC）。在 MPC 中，一个系统模型以及过程的当前测量值和历史数值被用于预测系统在未来做出决策之前的运行行为，对一个控制相关的目标函数进行优化计算出一个满足系统约束的控制结果。文献研究已经对 MPC 在多层生产——库存问题和供应链中的应用进行了检验。莱内斯（Lainez）等采用一个多阶段随机模型。Vahdani 等从持续性出发，针对供应链失效后的恢复过程，提出了一个混合多阶段预测模型。

伊万诺夫（Ivanov）和索科洛夫（Sokolov）（2012）针对 SCM 提出将信息技

术与规划模型相结合，并考虑了优化过程控制，MPC 的分布式和协作控制。此研究讨论了将数学规划模型转变为状态—空间形式，并在期望的闭环特性下设计重规划算法。

虽然突发事件沿供应链扩散这一观点有许多实践证据，但其仍缺少定量研究，包括建模研究和仿真研究，这些研究能使决策制定者在面对供应链突发事件时做出更好的决策。就已有研究而言，在涉及稳定成本和恢复成本的供应链稳定研究中，都没有考虑形式化的模型。所以，其仍是原始化的，因为任何定量技术的应用都假定了商务控制模型，而这些模型在许多企业中是不具备的。

管理学和运筹学研究都包含了大量可用于分析和缓冲涟漪效应的方法，不同方法适用于不同问题。该研究领域中，没有任何单一技术是万能的。虽然数学优化方法在供应链设计和计划阶段处于战略战术地位，但它们没有将供应链行为的动态性作为一个整体进行解释，也没有通过采用基于运行行为动态性的模型来强化供应链运行阶段和恢复阶段的战略设计及战术计划的作用。

第三章 基于软集合多类支持向量机方法的供应链突发事件经济损失评估研究

第一节 绪论

供应链突发事件是由供应链网络中各节点间的相互依赖关系和外部环境的突发事件所造成的易损性与不确定性,其会造成企业的运营失效和经济损失。随着全球经济一体化和多样化发展,对处于供应链中的企业而言,供应链突发事件所造成的经济损失已不仅仅来源于销售运行环节,更多是来自供应链运行环境的不确定性。供应链突发事件可因供应链任意节点的自身因素和外部环境影响产生,其所带来的消极影响往往是多方面的,但最终往往表现为市场中企业所面临的低于预期的财务状况或者未预料的经济损失。

由于供应链突发事件具有偶发性特点,并且其所造成的经济损失对企业事发突然、极具破坏性。因此,准确的供应链突发事件损失评估对于企业减少供应链突发事件的消极影响以及采取应对措施而言有着重要的理论研究意义和实践应用需求。近年来,国内外已对供应链突发事件的损失评估从供应链选址、供应链架构设计、证券价格和资本风险等方面展开了研究。而对供应链突发事件经济损失的评估研究目前还处于起步阶段,相应的评估指标和评估方法都具有理论和实践研究价值。

综上所述,从构建合适的、可用的评估指标以及选择与之相适应的评估方法这两个方面出发,针对供应链突发事件经济损失评估的定性化、定量化融合的特点,首先,本研究引入软集合方法,综合已有研究将企业的证券、资产、营运能力和经营现金流等用于构建评估指标体系,并分析其可行性。其次,针对供应链突发事件经济损失评估的小样本特点,采用多类支持向量机方法作为选择软集合方法的映射函数,提取评估指标与供应链突发事件经济损失之间的关联性。最后,本研究通过案例研究验证所提出的评估指标和评估方法的可行性和有效性。

在本研究设定下,企业因供应链突发事件所造成的损失等都表现为企业的经济损失,其在实践中可被观察。考虑到供应链突发事件发布前市场的预先反应和供应链突发事件发布后的后续影响等可能造成的企业经济损失,本研究参考已有研究中的数据采集方法,将数据采集时段分为供应链突发事件发布当前季度、前一季度和后一季度这三个季报期。

第二节 软集合方法简介

1992年,考希克·巴苏(Kaushik Basu)首次提出软集合,基于模糊集提出一个模糊集概念的顺序方程式而无须传统的隶属度数字描述,赋予软集合最初的概念,探讨了这种软集合框架在决策论中几个问题的应用。软集合概念与早期Goguen提出的L模糊集的概念有着紧密的联系。1994年,帕拉克(Pawlak)对软集合与硬集合进行阐述,对软集合与硬集合的概念进行了较为详细的区分,介绍了软集合区别于传统集合的独特之处。

1998年,科斯特克(Kostek)针对实际中主观评价声音质量受不确定的人为因素和客观因素影响的特点,基于软集合方法来评定声音的质量,应用非统计方法(软计算)进行处理,开始在软集合的应用方面做出了一些尝试。

1999年,莫洛佐夫(Molodtsov)给出的软集合定义如下:设$P(U)$是由U中所有对象的子集所组成的集合,那么在论域U上的一个软集合可以用一个二元对表示为(F, A),其中F是一个映射函数$F: A \rightarrow P(U)$。即论域中的对象根据F的映射规则和对象所对应的参数值划分为一个子集,即一个软集合。换言之,该软集合就是由论域U的所有子集形成的一个参数族。而该参数族中的每一个参数e($e \in A$)所确定的每一个集合$F(e)$可认为是由软集合(F, A)中具有e近似值(e-approximate)的元素组成的集合,其为U的一个子集。

软集合理论是一种新的研究不确定性的重要工具。当前,经济、管理、工程、环境、医学等领域的复杂问题所涉及的数据并不总是完全清晰的，这些问题包含了多种不确定性，而用于正式的建模、推理和计算的大部分传统工具都具有确定的、精确的特征。

表3-1 软集合方法与其他信息分析方法对比结果

方法	映射表达式	适合处理的信息类型	对样本的要求	特点
软集合方法	$F: E \rightarrow P(U)$ E 为参数集； U 为论域	多种信息	无	不需要建立关于对象的数学模型，定义模型精确解的概念，对对象的最初描述使用近似特征，无须引入精确解，可根据偏好使用任意形式的参数
云模型	$x \rightarrow \mu_A \in [0, 1]$ U 为论域 A 为概念	语言信息	无	用自然语言值表示的某个定性概念与其定量表示之间的不确定性转换模型，它能把模糊性和随机性有机地融合在一起，实现定性语言与定量数值之间的转换以及逆转换
模糊数学	$F: [0, 1] \rightarrow P(U)$ U 为论域	模糊信息	无	随机性和边界的不确定性决定了决策目标的模糊性，建立隶属函数使得模糊目标转化为明晰目标，但隶属函数的确定需根据知识和经验，并直接影响结果
粗糙集方法	$F: P \rightarrow P(U)$ P 为等价关系或相似关系；U 为论域	粗糙信息	大样本	要求大样本和较强的统计规律，在解决多因素、多目标的大样本问题时易出现 NP 问题，在解决小样本问题时易出现提取规则失败的问题
支持向量机方法	$F: T \rightarrow P(U)$ T 为特征集； U 为论域	同类信息	小样本	适应小样本问题的一种新方法；但是传统的支持向量机存在扩维、确定核函数困难，它适合两分类的问题，对于多分类问题需转化为两分类问题
神经网络方法	$F: T \rightarrow P(U)$ T 为特征集； U 为论域	同类信息	大样本	基于模拟仿真、启发式思维，存在参数与径向函数选取主观、困难，容易产生过学习和欠学习、计算过程复杂、计算量大的问题，易引发数据爆炸，耗用时间长，决策成本高

软集合能够有效地处理不确定、模糊及没有被清楚定义的对象。它通过建立具有软约束和软目标的分析模型，具有易于处理、鲁棒性强、能更好地与现实系统相协调、成本较低的优点。它高度概括了模糊集、可拓集、粗糙集、支持向量机、神经网络等方法，为解决具有不确定、非线性、多属性等特征的异构信息清理、分析以及规则提取和规则推理提供了一种有效的途径。软集合避免了参数化工具的局限，并且隶属度函数的确立相对简单。随着软计算理论的简历和发展，软计算方法已被应用于许多领域，如组合预测、决策制定、评估和分类。

第三节 基于软集合的供应链突发事件经济损失评估指标

处于供应链中的企业在遭受突发事件时，资金链和物资链都会受到影响，最终造成为企业的经济损失。由于企业的性质、规模、运营状况等存在差异，因此企业面对供应链突发事件经济损失评估也存在差异，如评估指标定量化和定性化，甚至同一企业在不同时期采用不同类型的评估指标。所以，首先，本研究综合供应链网络中企业在遭受突发事件时的资金链和物资链等各方面的可用信息，用以提高供应链突发事件经济损失评估指标的可行性和有效性。其次，本研究整合已有供应链突发事件评估指标研究，并增加了企业所发布的与供应链突发事件相关的资金链和物资链等可用信息，在此基础上引入软集合方法构造评估指标以处理评估的定性化和定量化融合特点。

一、供应链突发事件的资金链和物资链可用信息

异常回报（Abnormal Returns，AR）是某种证券回报率与一种基准回报率之间的差异。基准回报率被用来描述对解释证券回报变化而言是已知的因素，剩下的任何不能被解释的内容可认为是异常的证券回报率变化，并能归因于当前突发事件。

$$AR_{iT} = \prod_{t=1}^{T}(1+R_{it}) - \prod_{t=1}^{T}(1+R_{bt}) \qquad (3.1)$$

式中，R_{it} 为企业 i 在第 t 个观测点的股票回报率，R_{bt} 为企业 i 所属的企业组合的平均股票回报率，本研究选取企业发布突发事件的前一个月和后一个月作为

观测期 T 分别计算。

财务杠杆（Financial Leverage，FL）为企业所有负债的账面价值所占企业总价值（负债账面价值和资产的市场价值）的百分比。而负债和资产在企业遭遇供应链突发事件时不可避免地会发生变化。

$$FL_{iT} = D_{iT} / (D_{iT} + A_{iT}) \tag{3.2}$$

式中，D_{iT}、A_{iT} 分别为企业 i 在观测期 T 内的总债务账面价值和总资产账面价值，T 为一个季报期。

每股收益（Earning Per Share，ES）是企业某一时期净收益与股份数的比率。该比率越高，表明所创造的利润越多。因此，当发生供应链突发事件时，每股收益的变化可作为企业经济损失的外在表现。

$$ES_{iT} = E_{iT} / S_{iT} \tag{3.3}$$

式中，E_{iT}、S_{iT} 分别为企业 i 在观测期 T 内的净收益和流通的普通股股数，T 为一个季报期。

应收账款周转率（Receivables Turnover Ratio，RTR）表明应收账款流动的速度。供应链突发事件的影响会随供应链传播，对企业的应收账款也会产生影响，进而产生经济损失。

$$RTR_{iT} = (E_{iT} - SI_{iT}) / \bar{R}_{iT} \tag{3.4}$$

$$\bar{R}_{iT} = (SR_{iT} - FR_{iT}) / 2 \tag{3.5}$$

式中，SI_{iT}、$\bar{R}_{iT}$、SR_{iT}、FR_{iT} 分别为企业 i 在观测期 T 内的现销收入、应收账款平均余额、期初应收款余额和期末应收款余额，T 为一个季报期。

存货周转率（Inventory Turnover Ration，ITR）是企业将存货转换为现金流的能力。供需环节上的供应链突发事件也必定影响企业存货周转的效率，因此，它可作为评估供应链突发事件经济损失的指标。

$$ITR_i = SC_{iT} / \bar{I}_{iT} \tag{3.6}$$

$$AI_{iT} = (SI_{iT} - FI_{iT}) / 2 \tag{3.7}$$

式中，SC_{iT}、$\bar{I}_{iT}$、SI_{iT}、FI_{iT} 分别为企业 i 在观测期 T 内的销售成本、平均存货余额、期初存货余额和期末存货余额，T 为一个季报期。

流动资产周转率（Current Assets Turnover Ration，CATR）是企业在一定时期内主营业务收入净额同平均流动资产总额的比率。企业在面临供应链突发事件时的资产利用效率对缓冲措施有着重要作用，其能反映供应链突发事件所造成的经济损失。

$$CATR_i = SE_{iT}/\overline{CA_{iT}} \qquad (3.8)$$

$$\overline{CA_{iT}} = (SA_{iT} - FA_{iT})/2 \qquad (3.9)$$

式中，SE_{iT}、$\overline{CA_{iT}}$、SA_{iT}、FA_{iT} 分别为企业 i 在观测期 T 内的主营业务收入、平均流动资产总额、期初流动资产总额和期末流动资产总额，T 为一个季报期。

经营现金净流量对销售收入比率（Operating Net Cash Flow to Proceeds of Sale，O1）在企业遭遇供应链突发事件时因供需失衡而减少。因此，其可作为供应链突发事件经济损失评估的指标。

$$O1_i = ONC_{iT}/PS_{iT} \qquad (3.10)$$

式中，ONC_{iT}、PS_{iT} 分别为企业 i 在观测期 T 内的经营现金净流量和销售收入，T 为一个季报期。

资产的经营现金流量回报率（Operating Net Cash Flow to Assess，O2）表明每一单位资产通过经营流动所能形成的现金净流入。该指标值与企业资产的利用效率存在正向关系。其代表的企业资产经营变现水平可反映出供应链突发事件的经济损失。

$$O2_i = ONC_{iT}/A_{iT} \qquad (3.11)$$

式中，ONC_{iT}、A_{iT} 为企业 i 在观测期 T 内的经营现金净流量和总资产账面价值，T 为一个季报期。

经营现金净流量对负债比率（Operating Net Cash Flow to Debt，O3）反映了公司运用经营活动产生的现金净流量偿还公司全部债务的能力。企业在遭遇供应链突发事件后，偿债能力是缓冲供应链突发事件影响和减少后续经济损失的重要因素。

$$O3_i = ONC_{iT}/D_{iT} \qquad (3.12)$$

式中，D_{iT} 为企业 i 在观测期 T 内总债务账面价值，T 为一个季报期。

二、基于软集合方法的供应链突发事件经济损失评估指标

在上述供应链突发事件的资金链和物资链可用信息基础上，本研究引入软集合方法构建评估指标处理供应链突发事件经济损失评估中的定性定量信息融合。

本研究将软集合论域相关概念应用于供应链突发事件经济损失评估体系以处理供应链突发事件经济损失评估所得的定性化和定量化结果相融合的特点。首先，通过采集企业发布供应链突发事件的当前季度和前后季度的季报、年报相应数据得到突发事件经济损失的记录，将其作为一个对象。供应链突发事件经济损

失的软集合模型中的论域 U 即为由所有供应链突发事件经济损失记录所组成的对象空间。最后得到

$$U = (H, A, F)$$
$$H = \{H_i \mid i = 1, \cdots, M\}$$
$$A = \{e_1, e_2, \cdots, e_N\} \quad (3.13)$$
$$H_i = \{H_{i,k}^j \mid j \in A, k \in Z^+\}$$

式中，论域 U 是由从样本企业发布的季报和年报数据中提取出的供应链突发事件记录集合 H、评估指标集合 A 以及映射函数（评估方法）F 所组成三元对。供应链突发事件记录集合 H 是由企业 i 的供应链突发事件记录 H_i 所组成的记录集合，M 为样本企业总数。评估指标集合 A 由 N 个评估指标组成。H_i 为由企业 i 在第 k 次供应链突发事件发生时所对应评估指标 j 的数值组成的向量，Z^+ 为正整数。映射函数 F 为供应链突发事件经济损失评估函数。

三、评估指标可行性检验

本研究所选取的样本企业为在国内公开上市的房地产企业，评估指标数据来自企业公开发布的季报和年报等可用信息，相关文献已经通过检验多个供应链网络中的企业在证券市场中股票价格以及净资产等信息来确定相关的供应链突发事件评估指标的可行性。由于评估指标的数据采集存在共同区域，因此可能存在关联，其反映的供应链突发事件经济损失可能存在一定重叠。参考已有研究方法，需要对评估指标的可行性进行检验。本研究采用方差分析检验了指标间的差异性。检验数据从 2007 年第一季度至 2011 年第三季度在国内公开上市的房地产企业年报和季报数据中的供应链突发事件公告对应的当前季报期和前、后季报期数据进行随机选取得到，共计 484 条记录。

表 3-2 评估指标方差分析结果

指标	来源	自由度	方差	均方差	F 值	p 值
异常回报 (AR)	组间	9	53.421	5.936	55.447	0.0007
	组内	474	62.191	0.131		
	总计	483				
财务杠杆 (FL)	组间	9	55.313	6.146	75.055	0.0082
	组内	474	92.584	0.195		
	总计	483				

续表

指标	来源	自由度	方差	均方差	F 值	p 值
每股收益(ES)	组间	9	38.065	4.229	65.582	0.0067
	组内	474	62.939	0.133		
	总计	483				
应收账款周转率(RTR)	组间	9	58.141	6.460	83.018	0.0074
	组内	474	63.167	0.133		
	总计	483				
存货周转率(ITR)	组间	9	102.648	11.405	65.582	0.0003
	组内	474	101.364	0.214		
	总计	483				
流动资产周转率($CATR$)	组间	9	35.089	3.899	88.802	0.0098
	组内	474	42.948	0.091		
	总计	483				
经营现金流收入比率($O1$)	组间	9	104.924	11.658	54.628	0.0074
	组内	474	103.118	0.218		
	总计	483				
经营现金流回报率($O2$)	组间	9	51.537	5.726	54.066	0.0020
	组内	474	38.786	0.082		
	总计	483				
经营现金净流量对负债比率($O3$)	组间	9	65.653	7.295	55.447	0.0055
	组内	474	49.915	0.105		
	总计	483				

第四节 供应链突发事件经济损失评估方法

由于企业担心发布供应链突发事件会在企业做出应对之前就带来巨大的经济损失，其在主观上存在隐瞒或者延迟发布相关信息的可能性，使得实际中的相关可用信息较少。因此，选择合适的评估方法对于评估的准确性十分重要。鉴于供应链突发事件偶然性使得评估指标数据呈现小样本特点，并且软集合方法映射函数的构造研究迄今处于发展阶段,本研究采用多类支持向量机方法作为软集合方法的映射函数,以此获得供应链突发事件经济损失与评估指标之间的关联性。

一、多类支持向量机方法

支持向量机(Support Vector Machines,SVM)是由 Cortes 和 Vapnik 在机器学习研究基础上提出的通用机器学习方法。它在解决小样本、非线性、高维模式识别问题上表现出许多其他机器学习方法不可比拟的优势。支持向量机主要思想是将样本映射至高维度空间中,在高维空间确定一个以目标函数平面为中心、厚为 2ξ 的区域,称 ξ 为支持向量机不敏感损失函数。支持向量机称该平面为一个超平面,当样本落入该区域时,损失为零;当落入该区域外时,进行线性惩罚。

给定分类样本集如下,其中 P 为样本总量,N 为抽样样本数,x_i 为样本 i 的属性向量,y_i 为样本 i 的类别值。

$$x_i \in R^N, \ y_i \in \{-1, \ 1\}, \ i \in P \tag{3.14}$$

SVM 通过最小化超平面的结构化误差实现分类,如下:

$$\mathop{Min}\limits_{w,b,\xi^*,\xi} R_\varepsilon(w, \ \xi^*, \ \xi) = \frac{1}{2}w^T w + C\sum_{i=1}^{N}(\xi_i^* + \xi_i) \tag{3.15}$$

$$y_i - w^T f(x_i) - b \leq \varepsilon + \xi_i^*, \quad i = 1, \ 2, \ \cdots, \ N$$

$$-y_i + w^T f(x_i) + b \leq \varepsilon + \xi_i, \quad i = 1, \ 2, \ \cdots, \ N$$

$$\xi_i^* \geq 0, \quad i = 1, \ 2, \ \cdots, \ N$$

$$\xi_i \geq 0, \quad i = 1, \ 2, \ \cdots, \ N$$

式中,N 为类别数,SVM 分类间隔等于 $2/\|w\|$,分类线 $+\varepsilon$ 和 $-\varepsilon$ 上训练样本点就称作支持向量。C 为规范化参数,用于对式(3.15)中的前后两项进行平衡。ξ_i 和 ξ_i^* 分别表示落在分类线两侧的样本到分类线的距离,即线性惩罚。b 是模型的偏差项。

式(3.15)的解是支持向量。其可用于求解一个优化两分类函数,即一个非线性决策问题如下:

$$f(x) = \mathrm{sign}\left[\sum_{i=1}^{k}\alpha_i y_i (x_i \cdot x) + b\right] \tag{3.16}$$

其中,α 为解释 w 所需的朗格朗日乘子,是一个 $N*k$ 的矩阵。b 为一个标量。当找到式(3.16)的解时,就可以计算 w 如下。

$$w = \sum_{i=1}^{N}(\beta_i^* - \beta_i)\varphi(x_i) \tag{3.17}$$

式中，β_i^*，β_i 可通过应用朗格朗日乘子求解一个二次规划问题得出。最后可将式（3.15）重写为

$$f(x) = \sum_{i=1}^{N} (\beta_i^* - \beta_i) K(x_i, x) + b \qquad (3.18)$$

式中，$K(x_i, x)$ 称作 SVM 的核函数，它是任意两个样本在特征空间中的向量内积。

支持向量机方法最初是针对二分类问题提出的，到目前为止，已出现了许多解决多类分类问题的方法，统称为"多类支持向量机"（Multi-category Support Vector Machines，1-v-r SVMs），大致分为两类。

（1）通过某种方式构造一系列的两类分类器，并将它们组合在一起，实现多类分类；

（2）将多个分类面的参数求解合并到一个最优化问题中，通过求解该最优化问题"一次性"地实现多类分类

第二类方法在最优化问题求解过程中的变量远多于第一类方法，并且其训练速度和分类精度也不占优。

二、基于多类支持向量机的供应链突发事件经济损失评估方法

针对供应链突发事件经济损失评估的小样本特点，本研究采用第一种多类支持向量机方法作为软集合映射函数。根据多类支持向量机方法的分解、组合策略以及推广性能特点，本研究采用 1-v-r SVMs 多类支持向量机方法。1-v-r SVMs 多类支持向量机方法每次从样本中挑选出一类为正类，剩下的为负类，得到 k 个二分类器，然后采用最大优选策略对 k 个二分类器进行组合，最终得到实现 k 分类的多类支持向量机模型。该方法具有较好的应用性能。

首先，根据式（3.13）和式（3.14）得到在供应链突发事件经济损失评估环境下的多类支持向量机方法的分类样本集如下：

$$H_i \in R^N, y_i \in \{1, \cdots, L\}, i \in M \qquad (3.19)$$

式中，M 为企业总数，也是企业供应链突发事件记录 H_i 的总数，H_i 为由企业 i 在第 k 次供应链突发事件发生时所对应评估指标 j 的数值组成的向量。N 是样本企业数，其对应的供应链突发事件记录用于多类支持向量机方法学习。$M-N$ 为测试样本企业数，采用多类支持向量机方法对其对应的供应链突发事件记录进行分析来评估供应链突发事件的经济损失。y_i 是预先定义的企业供应链突发事件评估类别，其类别总数为 L，其可对应实践中企业评估供应链突发事件经济损失

时的离散定性标注，如"轻微""严重""极其严重"；也可对应为企业根据评估需要所划分供应链突发事件经济损失的定量化区间。

根据式（3.15）、式（3.16）和式（3.18）给出的支持向量机方法的基本模型以及式（3.19）给出的分类样本集在供应链突发事件经济损失评估中的定义，建立基于多类支持向量机的供应链突发事件经济损失评估模型如下：

$$MOS\left[\underset{w_l,b_l,\xi_l^*,\xi_l}{\text{Min}}_{l\in L} R_\varepsilon(w_l,\xi_l^*,\xi_l) = \frac{1}{2}w_l^T w_l + C_l \sum_{i=1}^N (\xi_{i,l}^* + \xi_{i,l})\right] \quad (3.20)$$

$$MOS[f_l(x)] = MOS\left\{\text{sign}\left[\sum_{i=1}^N \alpha_{i,l} y_{i,l}(x_i \cdot x) + b_l\right]\right\} \quad (l \in L) \quad (3.21)$$

$$MOS[f_l(x)] = MOS\left[\sum_{i=1}^N (\beta_{i,l}^* - \beta_{i,l}) K(x_i, x) + b_l\right] \quad (l \in L) \quad (3.22)$$

$MOS(*)$ 为最大优选策略函数。

三、基于软集合多类支持向量机的供应链突发事件经济损失评估

在基于软集合的供应链突发事件损失评估指标体系和多类支持向量机评估方法基础上，本研究按下列步骤进行供应链突发事件经济损失评估。

（1）将企业发布供应链突发事件的时间作为观测点，通过企业的季报和年报数据获取并计算各个评估指标的数据，得到供应链突发事件对应记录。

（2）以评估指标为基础，引入软集合方法构造供应链突发事件经济损失评估对象、论域和参数集合，得到式（3.13）。

（3）根据式（3.13）给出的基于软集合方法的供应链突发事件评估指标，引入多类支持向量机方法作为软集合的映射函数，得到式（3.20）～式（3.22），并据此提取供应链突发事件经济损失与评估指标体系之间的关联性。

（4）根据关联性对后续的供应链突发事件进行经济损失评估。

第五节　案例研究

一、2007年至2011年上市企业案例研究

本研究随机确定沪市上市的100个房地产企业作为样本企业，并采集其从2007年第一季度至2011年第三季度在所发布的单独以及包含在季度（年度）财务报表中的供应链突发事件公告，根据第三节中所提出的供应链突发事件经济损

失评估指标计算得到对应的指标数据。本节研究所选时段房地产上市企业总数×（每年季报次数+每年年报次数）的总和再加上该时段中企业的单独公告数，共计1076，其中随机选取的484条记录已用于第三节中的评估指标可行性检验。案例研究中，企业采用供应链突发事件经济损失评估类型分布见图3-1。

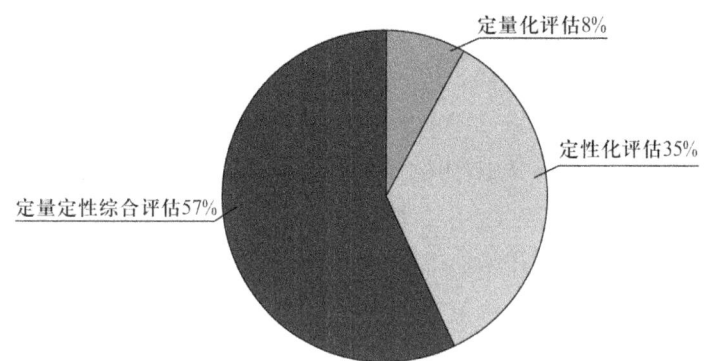

图3-1 案例研究中供应链突发事件经济损失评估类型分布

从图3-1中可看出，本案例研究所选100个样本企业的供应链突发事件经济损失评估呈现出定量化和定性化融合的特点，且同一个企业在不同时期进行供应链突发事件经济损失评估的类型也可能不同。因此，在实际可用信息基础上，引入软集合方法，构造供应链突发事件经济损失评估的对象、论域和参数集合如下。

$$H = \{H_1, H_2, \cdots, H_{100}\} \quad (3.23)$$

$$A = \{e_1, e_2, \cdots, e_9\} \quad (3.24)$$

$$H_i = \{H_{i,k}^j \mid i=1, \cdots 100, j=1, \cdots, 9, k \in Z^+\} \quad (3.25)$$

式中，k为正整数。因为各个企业所发布的单独以及包含在季度（年度）财务报表中的供应链突发事件公告的数目不同，所以对于H_i而言，k的取值不同。

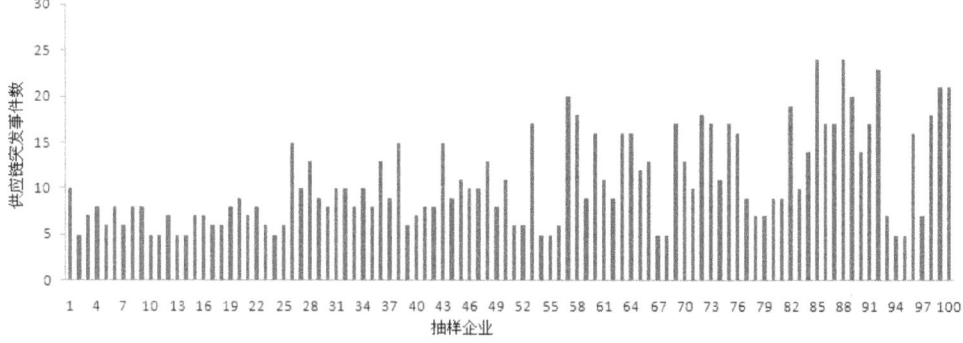

图3-2 抽样企业的供应链突发事件分布

本研究案例所选样本企业的供应链突发事件按时间的分布见图3-2。明显地,所选时段中样本企业的供应链突发事件分布呈现小样本特点。引入 1-v-r SVMs 作为软集合映射函数 F,得到案例在供应链突发事件经济损失评估环境下的多类支持向量机方法的分类样本集如下。

$$H_i \in R^9, \ y_i \in \{1, \cdots, L\}, \ i=1, \cdots, 100 \quad (3.26)$$

得到分类样本集后,对于各个企业的抽样样本,采用 1-v-r SVMs 分析供应链突发事件经济损失与评估指标之间的关联性。SVM 算法软件采用 Katholieke Universiteit Leuven 开发的 LS-SVMlab Toolbox。1-v-r SVMs 学习样本为样本企业的 1076 分公告中的 2007—2010 年的 890 个样本,测试样本为样本企业 2011 年的 186 个样本。本节研究案例试验中,根据实践供应链突发事件经济损失评估常用标准,将 L 分别设置为三类和四类。其既可对应定量评估标准如"弱""中""强"和"轻微""中等""严重""极其严重";也可对应于企业根据自身实际情况所划分的将经济损失定量分布区间。1-v-r SVM 核函数采用高斯核函数,用学习样本进行训练,得到相关参数如表 3-3 所示。

表 3-3 多类支持向量机方法参数

	C(规范化参数)	σ^2(高斯核函数参数)	b(偏差项)
1-v-r 3 分类 SVM	[0.4826, 0.6733, 3.1515]	[6.0985, 14.8294, 12.2124]	[−0.3072, −0.3389, −0.3556]
1-v-r 4 分类 SVM	[0.5938, 1.4087, 1.0465, 1.1171]	[1.6816, 5.3414, 5.6167, 5.6716]	[−0.4427, −0.5445, −0.4900, −0.5213]

在上述 1-v-r SVMs 的训练中,所得解释 w 所需的参数 α 分别是 890×3 和 890×4 的矩阵,这里就不再一一列出。根据上述参数和式(3.20)~式(3.22),得到案例研究所对应的评估模型。将待评估的供应链突发事件样本集合根据映射函数和评估指标进行划分,得到评估指标集合中的每一个指标 e 所确定的集合 $F(e)$,最终得到论域 U——样本企业供应链突发事件记录集合——上的软集合 (F, A)。文采用文献中的 BP 神经网络方法作为对比。所得结果如表 3-4 所示。其中,评估所耗时间为 1-v-r SVMs 和 BP 神经网络进行 200 次训练并评估测试样本所耗时间。

表 3-4 实例评估结果

	3 分类评估精度(%)	3 分类评估耗时(秒)	4 分类评估精度(%)	4 分类评估耗时(秒)
1-v-r SVM	95.3	82	93.3	106
BP 神经网络	88.6	43	77.2	66

表 3-4 给出的评估结果表明，在案例研究中相对已有评估方法，本研究提出的评估指标和评估方法取得了更好的评估精度。这说明了基于可用企业信息采用软集合方法构建评估指标以及采用多分类支持向量机方法应对供应链突发事件经济损失评估的定性定量信息融合和小样本特点的可行性和有效性。另外，本研究所提出的方法进行评估所耗时间较长，这可通过改善算法运行的硬件条件缩短耗时，也可对方法进行进一步优化来缩短耗时，这是将来的研究方向。

二、2017 年至 2021 年上市企业案例研究

2020 年出现的新冠肺炎疫情给全球房地产企业所处供应链造成了严重影响，从供应链内部下游客户需求的减少，上游供应商的断供，到供应链外部政治、经济及社会环境中不确定因素的增加。诸多房地产企业都出现了供应链突发事件，表现为企业经济绩效的偶发性、剧烈性和不确定性波动。这为检验软集合多类支持向量机方法对供应链突发事件经济损失评估的有效性提供了具有实践意义和必要性的应用场景。

本节研究随机确定沪市上市的 100 个房地产企业作为样本企业，并采集其从 2018 年第一季度至 2021 年第三季度在所发布的单独以及包含在季度（年度）财务报表中的供应链突发事件公告，根据第三节中所提出的供应链突发事件经济损失评估指标计算得到对应的指标数据。本节研究所选时段房地产上市企业总数×（每年季报次数+每年年报次数）的总和再加上该时段中企业的单独公告数，共计 926。

其中随机选取的 417 条记录已用于第三节中的评估指标可行性检验，结果如表 3-5 所示。

表 3-5 案例随机选取记录评估指标方差分析结果

指标	来源	自由度	方差	均方差	F 值	p 值
异常回报 （AR）	组间	9	46.011	5.113	47.756	0.0006
	组内	407	53.564	0.113		
	总计	416				
财务杠杆 （FL）	组间	9	47.640	5.293	64.644	0.0071
	组内	407	79.741	0.168		
	总计	416				

续表

指标	来源	自由度	方差	均方差	F 值	p 值
每股收益（ES）	组间	9	32.785	3.642	56.485	0.0058
	组内	407	54.208	0.115		
	总计	416				
应收账款周转率（RTR）	组间	9	50.076	5.564	71.502	0.0064
	组内	407	54.405	0.115		
	总计	416				
存货周转率（ITR）	组间	9	88.409	9.823	56.485	0.0003
	组内	407	87.303	0.184		
	总计	416				
流动资产周转率（CATR）	组间	9	30.222	3.358	76.484	0.0084
	组内	407	36.990	0.078		
	总计	416				
经营现金流收入比率（O1）	组间	9	90.369	10.041	47.050	0.0064
	组内	407	88.814	0.188		
	总计	416				
经营现金流回报率（O2）	组间	9	44.388	4.932	46.566	0.0017
	组内	407	33.406	0.071		
	总计	416				
经营现金净流量对负债比率（O3）	组间	9	56.546	6.283	47.756	0.0047
	组内	407	42.991	0.090		
	总计	416				

1-v-r SVMs 学习样本为样本企业的 926 份公告中的 2018—2021 年的 764 个样本，测试样本为样本企业 2011 年的 162 个样本。本节研究案例试验中，根据实践供应链突发事件经济损失评估常用标准，将 L 分别设置为 3 类和 4 类。其既可对应定量评估标准如"弱""中""强"和"轻微""中等""严重""极其严重"；也可对应于企业根据自身实际情况所划分的将经济损失定量分布区间。1-v-r SVM 核函数采用高斯核函数，用学习样本进行训练，得到相关参数如表 3-6。

表 3-6　多类支持向量机方法参数

	C（规范化参数）	σ^2（高斯核函数参数）	b（偏差项）
1-v-r 3 分类 SVM	[0.5908, 0.7277, 2.8747]	[4.3840, 10.7691, 11.1585]	[-0.3585, -0.2455, -0.3945]
1-v-r 4 分类 SVM	[0.6026, 2.1332, 1.5655, 1.0024]	[0.6789, 2.1613, 2.1255, 2.7927]	[-0.6278, -0.4576, -0.7231, -0.2680]

在上述 1-v-r SVM 的训练中，所得解释 w 所需的参数 α 分别是 764×3 和 764×4 的矩阵。根据上述参数和式（3.20）~式（3.22），得到案例研究所对应的评估模型。将待评估的供应链突发事件样本集合根据映射函数和评估指标进行划分，得到评估指标集合中的每一个指标 e 所确定的集合 $F(e)$，最终得到论域 U——样本企业供应链突发事件记录集合——上的软集合 (F, A)。采用文献中的 BP 神经网络方法作为对比。所得结果如表 3-7。其中，评估所耗时间为 1-v-r SVM 和 BP 神经网络进行 200 次训练并评估测试样本所耗时间。

表 3-7　案例评估结果

	3 分类评估精度（%）	3 分类评估耗时（秒）	4 分类评估精度（%）	4 分类评估耗时（秒）
1-v-r SVM	96.3	62	92.4	84
BP 神经网络	82.2	34	78.1	48

表 3-7 给出的评估结果表明，在评估房地产企业因疫情出现供应链突发事件而导致的经济损失时，软集合多类支持向量机方法可很好地进行定性定量信息融合，并应对该类突发事件偶发性和不确定性。同时，与上一个案例研究类似，该方法在评估所耗时间上还有改进空间。

第六节　小结

供应链中的企业因销售运行环节以及供应链运行环境的不确定性，故存在发生突发事件的可能性，而突发事件所造成的企业损失最终作为经济损失，可通过企业在市场上的证券表现、运营情况、供应链架构、现金流量等信息进行观察。因此，通过上述可用信息可实现及时准确进行供应链突发事件经济损失评估，这有助于减少供应链突发事件对企业的消极影响。

实践中企业进行供应链突发事件经济损失评估呈现定性化和定量化相融合的趋势。本研究采用软集合方法构造供应链突发事件经济损失评估指标来应对评估中存在的定性化、定量化融合。同时，企业在主观上存在隐瞒或者延迟发布相关信息的可能性，使得实际中的相关可用信息较少。因此，本研究引入多类支持向量机方法作为软集合方法的映射函数来应对供应链突发事件经济损失评估的小样本特点。在案例研究中，从实践中企业发布的季度（年度）财务报表中提取可用的、有限的信息，通过软集合方法构造评估指标来切合企业的定性定量化评估的需求，并通过多类支持向量机方法获得供应链突发事件经济损失与评估指标之间的关联性。最后，通过样本企业的测试和对比验证了采用软集合多类支持向量机方法进行供应链突发事件经济损失评估的可行性和有效性。

在供应链理论研究和实践应用领域中，供应链突发事件损失评估研究是一个重要的研究方向。而其中的经济损失评估可建立在实践中丰富且容易获得的可用信息基础上。因此，针对其所具有的定性定量信息融合以及小样本等特点，对相应的评估指标和评估方法进行发展与改进有助于提升实践中企业应对供应链突发事件的能力，这些都是后续研究中值得探讨和研究的问题。

第四章 基于多类支持向量机的企业供应链突发事件研究的经济绩效数据识别方法

第一节 绪论

供应链突发事件（Supply Chain Disruptions，SCD）是供应链中企业之间相互独立关系的不确定性和供应链外部不确定事件所导致的，造成企业无法满足需求和供应的事件。这类突发事件会造成供应链中企业的正常运行中断，并带来经济损失。SCD 是不可避免的，并且所有供应链都有突发事件的内发风险性。为了使企业及时采取应对措施，准确地识别供应链突发事件是非常重要的。汤姆林（Tomlin）提出了突发事件缓冲措施和突发事件应对策略的价值。许多研究者也将注意力放在了如何应对 SCD 造成的损失上。其中，大多数研究关注了增强供应链和企业弹性、调整供应链网络关系、修改企业采购、优化节点选址、改善供应链结构、利用企业文化和证券市场操作。

与上述研究相比较，学者和管理者也关注了 SCD 识别的研究。乔普拉（Chopra）和索迪（Sodhi）列举了供应链中的突发事件的风险因素。奥凯（Oke）和戈帕拉克里希南（Gopalakrishnan）调查了供应链中企业所面对的风险类型。还有一些研究确认了 SCD 的成因，这些因素包括政治不稳定性、供应链设计、运行中的突发事件和自然灾害等。

但是，上述因素的相关信息对于企业在实践中识别供应链突发事件而言是不够的且"奢侈"的。正如布莱克赫斯特（Blackhurst）等指出的，实践中对于如何处理突发事件而言，可用信息是极其有限的。企业的经济绩效可能是一个不错的候选方案，因为得到企业的经济绩效信息是相对容易的，所花成本也是可以接受的。关于这点，有一些研究可供参考。Wei 等评价了 SCD 对于货物和服务价格的影响。亨德里克斯（Hendricks）和辛加尔（Singhal）检验了 SCD 对于证券市场的影响。亨德里克斯（Hendricks）等还采用类似数据来研究证券市场对于 SCD 的反应。

上述研究列举了采用一种经济绩效实现 SCD 识别。为了达到使用企业经济绩效识别 SCD，需要了解实践中企业的经济绩效是怎样与 SCD 发生关系的。

另外，对于 SCD 识别而言，研究者们采用了多种模型和算法。其中，统计学方法和人工智能方法是主要的两种类型。然而，这些方法都有一些限制条件——例如，样本数目、变量权重和误差范围——制约了其实践应用。一种解释是由于企业经济绩效信息的发布是不规律的、不连续的。本研究中，经济绩效的这些类别信息被作为经济绩效的数据。然后通过多类支持向量机（Multi-Category Support Vector Machines，MC-SVM）来利用这些信息额完成 SCD 的识别。多类支持向量机能有效处理不连续性和不规律性数据。

本研究中，首先，采用 MC-SVM 根据企业经济绩效数据对企业进行组合匹配，将样本企业和类似企业组合在一起。其次，采用 MC-SVM 通过每个样本企业的匹配组合进行 SCD 的识别。最后，所得到 SCD 识别结果将作为样本企业未来 SCD 识别的规则，并通过我国上市企业的一个案例研究验证了上述方法的可行性。

第二节　多类支持向量机简介

MC-SVM 是在两类支持向量机（SVMs）基础上的一种延伸，它们都是联想学习算法的监督学习模型。SVMs 被用于模式识别和分类。分类向量的维度在 SVMs 的训练中不会直接影响分类的性能，这点不同于传统的分类算法。

一、支持向量机简介

SVM 方法的重要理论基础是统计学习理论的 VC（Vapnik-Chervonenkis）维

理论和结构风险最小化（Structural Risk Minimization，SRM）原则。

（一）结构风险最小化原理

由统计学习理论可知，对于回归估计 f，实际风险 $R_s(f)$ 和经验风险 $Remp(f)$ 至少以 $1-\alpha(\alpha>0)$ 的概率满足：

$$R_s(f) < Remp(f) + \sqrt{\left(\frac{h\ln(2n/h+1) - \ln(n/4)}{n}\right)} \quad (4.1)$$

式中，h 为 VC 维，n 为样本数。

实际风险受限于经验风险和置信范围两部分，置信范围与学习机器的 VC 维及训练样本数有关。机器学习过程不仅要使经验风险最小（Empirical Risk Minimization，ERM），还要使 VC 维最小（以最小化置信范围值），这样才能取得较小的实际风险，对未来数据具有好的泛化能力，这是结构 SRM 的基本思想。

对于训练样本集 $\{x_i, y_i\}_{i=1}^N$，$x_i \in R^n$ 为输入变量，$y_i \in R$ 为输出变量，N 为训练样本总数。函数回归问题是寻找一个从输入空间到输出空间的映射中 $f: R^n \to R$，使其满足 $f(x) \approx y$。而支持向量机回归则先定义一个非线性映射 $\varphi(*): R^n \to R^m(m>n)$，将输入空间中的输入数据 $\{x_i, y_i\}_{i=1}^N$ 映射到高维特征空间 R^m 中，m 可以为无穷大，如图 4-1（a）所示。然后，再在高维特征空间寻找一个线性函数 $f(*)$ 来拟合数据 $\{f(x_i), y_i\}_{i=1}^N$。

$$y = f(x) = w^T \varphi(x) + b \quad (4.2)$$

式中，$f(x)$ 表示预测值，w，$f(x)$ 为 m 维矢量，b 为阈值，w 和 b 是可以调整的。

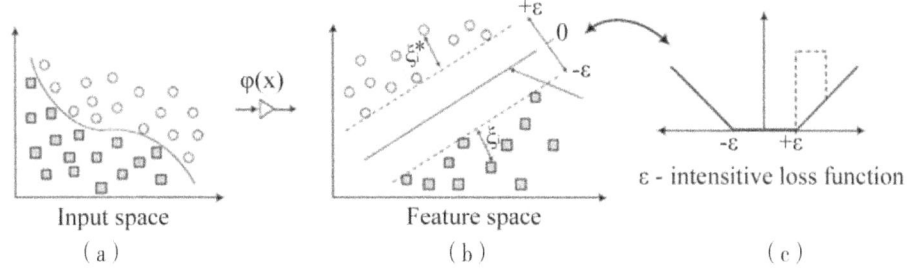

图 4-1　SVR 原理示意

根据统计学习理论，SVM 通过极小化目标函数（4.3）来确定回归函数式（4.2）。

$$Min(w, b): \frac{1}{2}\|w\|^2 + c\sum_{i=1}^N |y_i - [w, \varphi(x_i)] - b|_\varepsilon \quad (4.3)$$

式中，c 用来平衡模型复杂性项 $\frac{1}{2}\|w\|^2$ 和训练误差项的权重参数，$|y_i-[w,\varphi(x_i)]-b|_\varepsilon$ 为 ε 不敏感损失函数（ε-insensitive function），称为 ε 不敏感损失参数。

（二）超平面

ε 不敏感损失函数可通过下式确定。

$$|y-[w,\varphi(x_i)]-b|_\varepsilon = \begin{cases} 0, & if\ |y-[w,\varphi(x_i)]-b| \leq \varepsilon \\ |y-[w,\varphi(x_i)]-b|-\varepsilon, & if\ |y-[w,\varphi(x_i)]-b| \geq \varepsilon \end{cases} \quad (4.4)$$

ε 不敏感损失函数在特征空间中确定一个以平面 $y=f(x)$ 为中心、厚为 2ε 的薄板区域。支持向量机理论中称该平面为一个超平面（Hyper Plane），当样本落入该区域时，损失为零；落入该区域外时，进行线性惩罚，由此得到的解具有很强的鲁棒性，如图 4-1（b）。

如图 4-1（b）所示，在确定了超平面和厚度以后，需要测量落入该区域外的样本点到样本的距离之和，并且要使之最小化。换言之，要对 SVR 模型的不敏感损失参数 ε 和在超平面中确定的线性函数 $f(*)$ 的性能进行评价，使其满足结构风险最小化原理。

现在，设区域外的样本点 i 到超平面的上、下距离为 ξ_i^*、ξ_i，如图 4-1（b）所示。结合式（4.4）可以发现，ξ_i^*、ξ_i 就是样本点 i 所对应的 ε 不敏感损失函数的计算值。因此，SVR 要最小化式（4.4）的整体误差，就可以将式（4.4）重写如下。

$$\min_{w,b,\xi^*,\xi} R(w,\xi^*,\xi) = \frac{1}{2}\|w\|^2 + c\sum_{i=1}^{N}\{\xi_i^* + \xi_i\}$$

$$s.t. \begin{cases} y_i - w^T\varphi(x_i) - b \leq \varepsilon + \xi_i^* & i=1,2,\cdots,N \\ -y_i + w^T\varphi(x_i) + b \leq \varepsilon + \xi_i & i=1,2,\cdots,N \\ \xi_i^* \geq 0 & i=1,2,\cdots,N \\ \xi_i \geq 0 & i=1,2,\cdots,N \end{cases} \quad (4.5)$$

式（4.5）中的第一项，采用最大化两个分割训练数据子集的距离概念，被用于规范权重规模，用于惩罚大权重，并维持回归函数的平滑性。第二项是采用 ε 不敏感损失函数来惩罚 $f(x)$ 和 y 的练误差。c 是一个用于平衡这两项的参数，高于 ε 的训练误差为 ξ_i^*，而低于 $-\varepsilon$ 的训练误差为 ξ_i，如图 4-1（b）所示。

（三）核函数

当对式（4.6）这个含不等式约束的二次优化问题进行求解后，得到公式中参数 w 如下：

$$w = \sum_{i=1}^{N} (\beta_i^* - \beta_i) \varphi(x_i) \tag{4.6}$$

式中，β_i^*，β_i 可以分别通过求解一个二次规划和采用拉格朗日乘子法获得。最后，可以得到 SVR 回归函数如下：

$$f(x) = \sum_{i=1}^{N} (\beta_i^* - \beta_i) K(x_i, x) + b \tag{4.7}$$

式中，$K(x_i, x)$ 称为核函数（Kernel Function）。

核函数 $K(x_i, x_j)$ 等于两个向量 x_i 和 x_j 在特征空间 $\varphi(x_i)$ 和 $\varphi(x_j)$ 的内积，即

$$K(x_i, x_j) = \varphi(x_i) \times \varphi(x_j) \tag{4.8}$$

任何函数只要满足 Mercer 条件，就可以用作核函数。采用不同的函数作为核函数，可以构造实现输入空间中不同类型的非线性决策面的学习机器。最常用的核函数有多项式函数、高斯核函数和径向基核函数。

多项式核函数：

$$K(x_i, x_j) = (x_i * x_j + 1)^d \tag{4.9}$$

式中，d 是多项式阶数。另外，也还有其他形式的多项式核函数，如：

$$K(x_i, x_j) = (a_1 x_i x_j + a_2)^d \tag{4.10}$$

式中，a_1 和 a_2 为系数参数。

高斯核函数：

$$K(x_i, x_j) = \exp\left(-\frac{\|x_i - x_j\|^2}{\sigma^2}\right) \tag{4.11}$$

式中，σ^2 是高斯函数的宽度参数。

（四）支持向量

在 SVR 回归函数（4.6）中，$\beta_i^* \beta_i = 0$，$\forall i \in [1, 2, \cdots, N]$，且只有少数 β_i^*，β_i 不为零。这些参数对应的矢量称为支持向量（Support Vectors，SVs），回归函数 $f(x)$ 完全由其决定。支持向量机与神经网络有着类似的结构，与径向基网络相比，基于 RBF 核函数的 SVM 隐层节点数为支持向量的个数，数据中心为支持向量，网络权重为 $\beta_i^* - \beta_i$，这些参数都由 SVM 自动产生。

二、多类支持向量机策略

二分类支持向量机需要进行扩展来处理实际中的多分类问题。基于 SVM 的

MC-SVM 已经被证明是一种有用的多分类工具，并且也被证明适用于不连续性和不规律性数据。通常上，MC-SVM 有两种实施策略。一种策略是将不同的 SVMs 进行构架整合形成一个新的 MC-SVM。另一种策略是采用某种优化模型对 MC-SVM 的多个超平面参数同时进行优化。第二种策略看似更加容易实施，但是要比第一种策略需要更多变量。而且，第二种策略的效率和准确性相比也更差。因此，本研究采用 MC-SVM 的第一种策略。

（1）1 versus Rest（1-v-r）策略。在 1-v-r 方法中，存在 k 个 SVM 模型。采用第 i 个类别中所有的正向样本和其余类别的所有负向样本来训练第 i 个 SVM。

（2）1 versus 1（1-v-1）策略。在 1-v-1 方法中，构造 $k(k-1)/2$ 个分类器，每个分类器采用两类别的数据进行训练。

（3）Direct Acyclic Graph（DAG）。DAG 的训练过程类似于 1-v-1 策略。但是，在训练过程中，它使用一个基础二进制 DAG，其中含有 $k(k-1)/2$ 内部节点和 k 个分支。每个节点都是一个拥有第 i 个和第 j 个类型的二分类 SVM。

对于 k 个类别中的每个类别，为其定义一个长度为 L 的二分类节点，然后可得到一个 $k \times L$ 的矩阵。对矩阵中的第 j 列（$j \in \{1, \cdots, L\}$），带有"0"的对象分为一类，带有"1"的对象属于另一类。所以，k 个类别被分为 L 个两分类。

在本节研究中，分别采用 1-v-r 和 ECC 分类策略的 MC-SVM。因为这两类 MC-SVM 的推广不受样本特征空间维度的限制。

第三节　供应链突发事件的 MC-SVM 框架

正如本章第一节所提及，企业的经济绩效实践中是以表格、图片、文本和单独公告、季度报表以及其他形式离散发布的。本研究将这些经济绩效信息称作"企业经济绩效数据"，并采用 MC-SVM 对这些不连续、不规律的数据进行分析从而进行供应链突发事件的识别。因此，首先必须引入在供应链环境下的 SCD 与 MC-SVM 之间的联系。

一、MC-SVM 中的 SCD 类别

如同本章第二节中介绍的 SVM 概念，在 MC-SVM 中首先存在一个数据点的集合。每个点表示一个二元（x, y），其中，x 是由 x_i（$i=1, \cdots, k$）组成的向

量，y 是由 y_i（$i=1,\cdots,k$）组成的向量，k 是数据点的总数。因此，数据点 i 就是二元对（x_i，y_i），其中，x_i 表示指标数据，其代表 y_i 的成因，y_i 代表供应链突发事件所属类别的数值，其取值范围已经提前定义。

在供应链环境中，企业应该要及时识别潜在的突发事件以避免其实际发生。因此，二元对（x，y）可作为企业遭遇过的 SCD 的相关数据，y 是一个表示突发事件种类的向量。一些种类的突发事件源于供应链中企业之间的关系（关系之间相互独立），如合同争议、合作企业失灵、企业文化等。另一些种类的突发事件来自供应链外部的未知事件，如自然灾害、政治问题等。

根据 SCD 识别的理论研究和 SCD 影响的案例研究，本研究将 SCD 的种类定义为 y_i 类别的数值。因此，$\{y \mid y_i \in y\}$ 是由需求突发事件、供应突发事件、生产突发事件和外部突发事件组成的。y 的分量被定义为 $\{y_1, y_2, y_3, y_4\}$。SCD 的四种类型可能出现在企业日常运行的任意时间，其是由企业间关系和外部未知事件所导致。并且，可将 SCD 的这四种类型针对具体的企业分为更加具体的种类，例如，证券衰退、设备故障、现金流中断、工人罢工、灾难气候等。虽然本研究中没有考虑这种细分，但未来仍可以在此方向继续发展。

二、MC-SVM 中 SCD 的指标

向量 x 的元素表示 SCD 的成因，可用其作为进行 SCD 识别的指标。正如本章第一节中提及的，经济绩效数据或者指标数值发布时呈现不规律的和不连续的特点。因此，指标的数值是有限的甚至是不可得的。亨德里克斯（Hendricks）等指出，这些信息并不是公开可得的，这在许多案例研究中都会发生。实际中，指标的数值都包括在企业的公告中。关于这些公告的研究综述揭示了近年来大多数的公告都与 SCD 相关。

因此，在 SCD 的背景下，MC-SVM 的（x_i，y_i）定义如下：

$$(x, y) = \{(x_i, y_i), i=1, \cdots, k\} \tag{4.12}$$

$$(x_i) = \{(x_{ij}), j=1, \cdots, p\} \tag{4.13}$$

（x，y）是 SCD 的数据集，（x_i，y_i）表示第 i 次突发事件的记录。x_{ij} 是第 i 次突发事件中经济绩效的第 j 个指标的数值，y_i 表示第 i 次突发事件的类别，k 是突发事件的总数，p 是企业经济绩效指标的数目。

三、基于 MC-SVM 的 SCD 组合匹配

（x，y）是（x_i，y_i）的集合，其表示第 i 次突发事件的记录。如果企业要识

别 SCD，那么其需要来自企业本身和合作企业之间的指标数值。指标的数值可以通过企业的季度报告和零散公告获得，这可作为企业遭受突发事件的证据。

因此，当将 MC-SVR 用于识别 SCD 时，首先，需要对样本企业进行匹配组合，组合的根据包括企业规模、股本的市场价值和前期表现。其次，处于同一个组合的企业的指标值将被视作一个整体。换言之，在不同样本企业的组合中存在不同的 (x, y)。匹配组合在实践中是可行的、有用的，并被应用于案例研究。

四、企业经济绩效数据

正如上一节中提到的，经济绩效数据可用作 SCD 识别的指标值。需要根据遭受 SCD 的企业的季度报告和零散公告提取指标值。因此，必须确定指标值的范围。

首先，对于 SCD 识别而言，有关的经济绩效指标值的研究文献很少。亨德里克斯（Hendricks）等提出企业规模、股本的市场价值和前期表现可用于评价 SCD 对于证券市场和企业股权风险的影响。本研究不仅将这些数据用于匹配组合，还将其作为 SCD 识别的指标。此外，应收账款周转率（Accounts Receivable Turnover，ART）、库存周转率（Inventory Turnover，IT）和流动资产周转率（Current Asset Turnover，CAT）也作为识别指标，以此分析 SCD 对于企业的物资流和资金链的影响。而且，资产增长率（Total Assets Growth Rate，TAGR）和资产负债率（Asset Liability Ratio，ALR）也被纳入其中用于核对 SCD 对公司资产和债务的影响。另外，我们也对遭受 SCD 的企业的运行资金流感兴趣，因此 SCD 对于企业的影响可在市场中观测得到，如营运现金流对销售额比率（Operating Cash Flow to Sales，OCFS），营运现金流对负债比率（Operating Cash Flow to Debt，OCFD）。上述指标数值的计算可参见附录。

其次，SCD 识别的指标 i 的数值时间区间的研究文献较少。亨德里克斯（Hendricks）选择从突发事件公告前一年开始检查样本企业的证券价格，他们也检查了突发事件后两年的证券价格。所以，本研究采用两种方式计算指标值。对于样本企业的季度报告中发布的 SCD，我们根据同一季度报告中的经济绩效数据来计算指标值。对于样本企业的单独公告中发布的 SCD，根据与其对应的季度报告中的经济绩效数据计算指标值。

因此，对于遭受第 i 次 SCD 的样本企业而言，指标 j 的数值通过以下方式计算得到。

$$x_{ij} = \frac{(x_{i-1,j} + x_{i+1,j}) + \overline{xp_{ij}}}{2}, \quad x_{i+1,j} \neq 0, \quad i = 1, \cdots, k, \quad j = 1, \cdots, p \quad (4.14)$$

$$x_{ij}=\frac{(x_{i-1,j}+x_{i-2,j})+\overline{xp_{ij}}}{2}, \quad x_{i+1,j}=0, \quad i=1, \cdots, k, \quad j=1, \cdots, p \quad (4.15)$$

式中，x_{ij} 是第 i 次突发事件中第 j 个指标的数值，xp_{ij} 代表遭受第 i 次 SCD 时，样本企业的组合中所有企业的指标 j 的平均值，这是在本章第四节中标准（4）限定企业在一个季度报告期中只遭受一次 SCD 的原因。因此，$x_{i-2,j}$ 和 $x_{i-1,j}$ 来自样本企业遭受第 i 次突发事件前一季度和前两季度所发布的季度报告，$x_{i+1,j}$ 来自企业遭受第 i 次突发事件后一季度的季度报告。

现在，可得出 MC-SVM 对于 SCD 识别的应用步骤，如图 4-2 所示。图 4-2 中，k 表示企业的数目，N 表示样本企业数目，i 表示第 i 个样本企业。

首先，数据 1 表示所有样本企业的指标数值，对每个样本企业采用 MC-SVM 获得相应的匹配组合。组合 i 是由样本企业 i（图 4-2 中的圈 i）和类似企业（图 4-2 中的 $i_1, \cdots, i_m$）所组成的。对于不同样本企业的组合而言，m 的数值也不同。

其次，采用组合 i 中 SCD 的类别值和指标值形成数据 2。然后，对于企业 i，再次采用 MC-SVM 根据数据 2 来提取经济绩效与 SCD 之间的关系。

最后，对每个样本企业，将指标的新数值（图 4-2 中数据 3）作为输入变量值，就能得到相应的 SCD 的类别值，即本章第三节中提及的 $\{y_1, y_2, y_3, y_4\}$。

第四节 2007 年至 2011 年企业供应链突发事件的经济绩效识别案例研究

一、样本选择

新浪财经在线、《金融时报》和上海金融新闻是研究的主要数据来源。研究时间区间从 2007—2011 年。信息采集关键词包括"延迟""短缺""减少""制造""生产""运输""派送""零件""零部件"以及其他短语的组合形式。本研究中一个公告必须满足下列标准。

（1）经济绩效的数据发布在企业的季度报告和随机的离散公告中。这些信息都可通过研究采用的数据源得到。

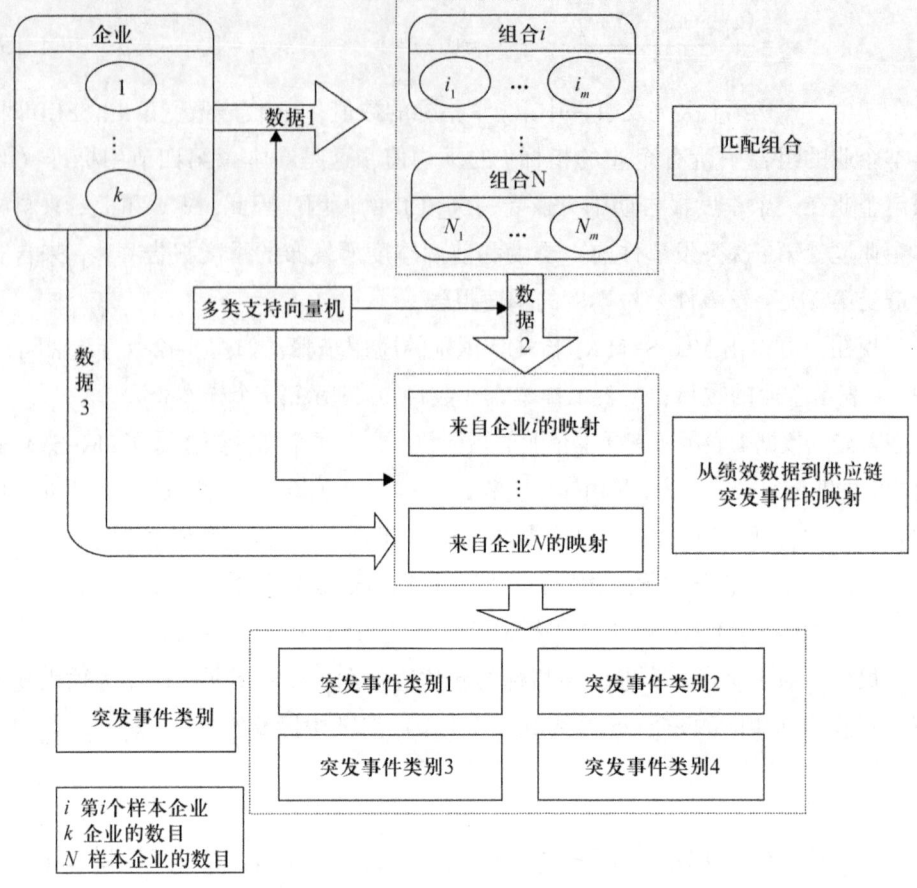

图 4-2　SCD 识别的 MC-SVM 步骤

（2）对于企业发布的公告的前两季度、前一季度和后一季度而言，企业的经济绩效数据都能从数据源中获得，并且资本的市场账面比率非负。

（3）企业发布的公告的前一季度和后一季度中，企业的交易日所占比重不得少于 80%。

（4）企业在公布一次 SCD 后，其前一季度和后一季度中没有其他 SCD 公告发布。

标准（2）和标准（3）是为了样本企业的匹配组合。组合的匹配是根据预先定义的时间区间中发布的资产负债比来进行的。标准 4 是为了避免时间区间的重叠。因为，研究主要在样本企业每次 SCD 公告的前一季度和后一季度间来检查经济绩效。所以同一季度连续发生一次以上的 SCD 会导致时间区间重叠，将会影响结果的偏差。

最终，研究选择了从 2007 年到 2011 年 500 家上市企业的季度报告零散公告，共计 2125 的样本。有 200 家企业（合计 926 份公告）被作为样本企业，剩余的 300 家企业（合计 1199 份公告）用于样本企业匹配组合。所有企业都在上海证券交易所和深圳证券交易所上市。此外，研究事先将这些企业按照产业类型分为制造业企业、农业企业和金融业企业。因此，在 200 家样本企业中，农业、制造业和金融业企业数目各自为 53 家、80 家和 67 家。之所以进行上述分类，是为了评估方法对于不同类型企业的适用性。样本企业的 926 分公告的分布情况见表 4-1，其中的指标均在 4.3.4 中进行了讨论。

表 4-1 样本企业 926 份 SCD 公告的描述统计结果

制造业企业（80家）指标	均值	中位数	标准差	最大值	最小值
净收益（¥百万元）	180.1198	54.0699	520.2947	25519.9325	-339.1829
营业收入（¥百万元）	2269.2813	820.1371	8081.0904	179568.4249	0.7072
应收账款周转率（次）	128.5526	4.7663	3394.3813	101195.7859	-29.7481
库存周转率（次）	4.6380	1.7488	68.2983	2705.9561	0.9052
流动资产周转率（次）	0.9265	0.5944	0.8229	12.4806	0.8676
资产增长率（%）	59.3788	13.9402	474.0682	12254.0559	147.9851
资产负债率（%）	54.7979	68.8649	80.5131	1727.4685	2.5215
营运现金流量与销售收入比（OCFS）（%）*	-0.1168	0.2864	4.2126	117.5237	-96.9954
营运现金流量与负债比（OCFD）（%）*	0.4594	0.1339	15.7726	1204.5065	-45.3899
农业企业（53家）指标	均值	中位数	标准差	最大值	最小值
净收益（¥百万元）	147.5765	41.3564	523.3465	19760.4510	-72.9086
营业收入（¥百万元）	2053.7513	567.4544	10823.5584	204133.1753	0.3058
应收账款周转率（次）	120.9484	4.5907	2130.8258	102270.9770	-29.9484

续表

库存周转率（次）	4.6154	1.7963	58.9725	4076.5245	0.4628
流动资产周转率（次）	0.8620	0.9650	0.8147	13.9077	0.1070
资产增长率（%）	52.9404	14.6295	436.9452	17075.7415	65.9103
资产负债率（%）	57.0403	51.2217	59.8037	1764.1079	2.7073
营运现金流量与销售收入比（OCFS）（%）*	-0.1000	0.8304	4.8464	127.0073	-102.3914
营运现金流量与负债比（OCFD）（%）*	0.6587	0.7258	15.1844	1070.9026	31.1059
金融业企业（67家）指标	均值	中位数	标准差	最大值	最小值
净收益（¥百万元）	151.8091	40.1437	736.3661	20843.2551	-443.4571
营业收入（¥百万元）	2337.1921	595.7491	8236.3259	194359.2941	0.8922
应收账款周转率（次）	116.3342	4.8986	2491.8501	99522.5638	-24.0501
库存周转率（次）	4.5854	1.4458	62.2529	2935.0828	0.3150
流动资产周转率（次）	0.9625	0.5478	0.9319	13.6796	0.5975
资产增长率（%）	51.8138	14.8897	531.4694	12348.9760	-96.2059
资产负债率（%）	64.5617	57.8012	55.8730	2227.2177	2.9952
营运现金流量与销售收入比（OCFS）（%）*	-0.0937	0.1593	4.3831	114.2597	76.6401
营运现金流量与负债比（OCFD）（%）*	0.4009	0.1255	15.3430	998.3347	36.8364

注："*"表示通过（P≤0.05）统计显著性检验

调查时间区间中每年公告的分布情况见表4-2，样本企业将近75%的公告集中在2009年至2011年。

表 4-2　样本企业 926 份 SCD 公告的年度分布

年份	发布公告数	当年公告数所占总公告数百分比
2007	83	9.1
2008	152	16.4
2009	253	27.3
2010	236	25.5
2011	202	21.8

二、匹配组合

首先，对每个样本企业，根据其从 2007 年到 2010 年的资产负债率进行匹配组合。企业的资产负债率如图 4-3 所示。其中，有一些数据点明显高于其他数据点，这是因为样本是随机选择的。根据本章第三节中提出的匹配组合步骤，虽然图中所有的数据点都表示企业的资产负债率，但是可能某些数据点最后不会匹配到任一组合中。

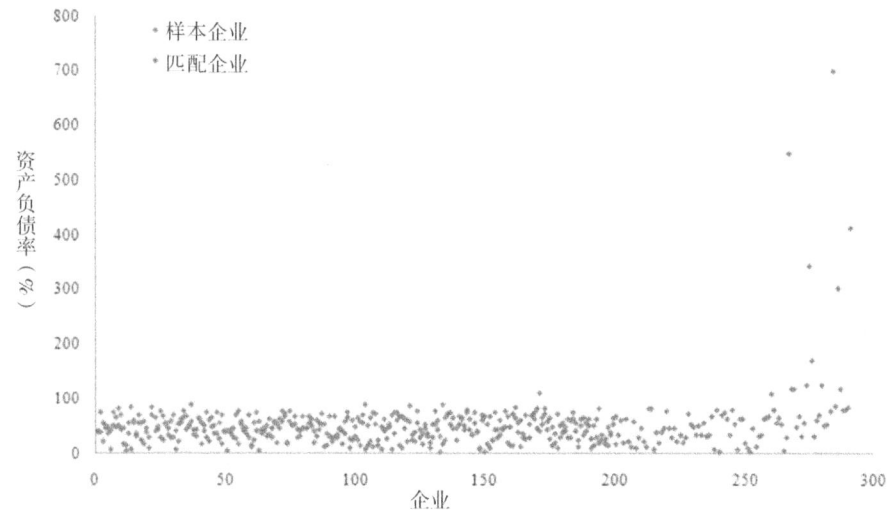

图 4-3　案例企业 2 资产负债率分布

其次，由于对样本企业逐次进行匹配组合，因此所有组合中的非样本企业的总数大于案例中非样本企业的总数 300 家。研究没有对制造业、农业、金融业企业分别进行匹配组合,而是将所有不同类型的样本企业和非样本企业放在一起进行匹配组合。这是因为企业的资产负债比是一个跨产业的通用标准。

同时,对每个样本企业的匹配组合采用 MC-SVM 进行分析,并采用 K 均值分类方法(K-Means Clustering,KMC)作为样本企业匹配组合的比对方法。K 均值分类方法在多分类实践中有着广泛应用。两种方法的匹配组合结果如表 4-3 所示。明显地,MC-SVM 在匹配组合的内外部性能上都占优,并且准确率也较高。

表 4-3 MC-SVM 和 KMC 方法匹配组合结果

	多类支持向量机方法	K 均值分类方法
组合内最大距离	35.06	58.34
组合内最小距离	0.40	2.32
组合内平均距离	9.39	14.34
组合间最大距离	71.49	46.78
组合间最小距离	18.27	7.56
组合间平均距离	44.04	23.92
分类准确率最大值(%)	99.98	89.29
分类准确率最小值(%)	89.75	76.07
分类准确率平均值(%)	95.18	86.53

注:组合内样本企业和匹配企业之间的距离采用欧几里得距离。组合间的距离是样本企业之间的欧几里得距离。

组合中样本企业和匹配企业之间的距离采用欧几里得距离。组合间的距离是样本企业之间的欧几里得距离。比率(Rate)是分类的准确性。

根据样本企业的匹配组合结果,可对每个样本企业采用 MC-SVM 来获取其经济绩效与 SCD 之间的联系。如本章第二节中提及,本研究采用 1-v-r 和 ECC 策略的 MC-SVM 进行多分类训练。图 4-4 和图 4-5 给出了 MC-SVM 的参数 c 和 σ^2 分布。如本章第二节提到的,c 是惩罚值,其应该收敛至零,并且其对于 MC-SVM 的超平面的建立也是很重要的。σ^2 是采用 RBF 的高斯核函数的偏差,其不应为零。通过 c 和 σ^2,即可计算得出 MC-SVM 的其余参数 α 和 b。然后就能针对每个样本企业建立 MC-SVM 的 SCD 识别模型,并根据企业的经济绩效数据进行识别。

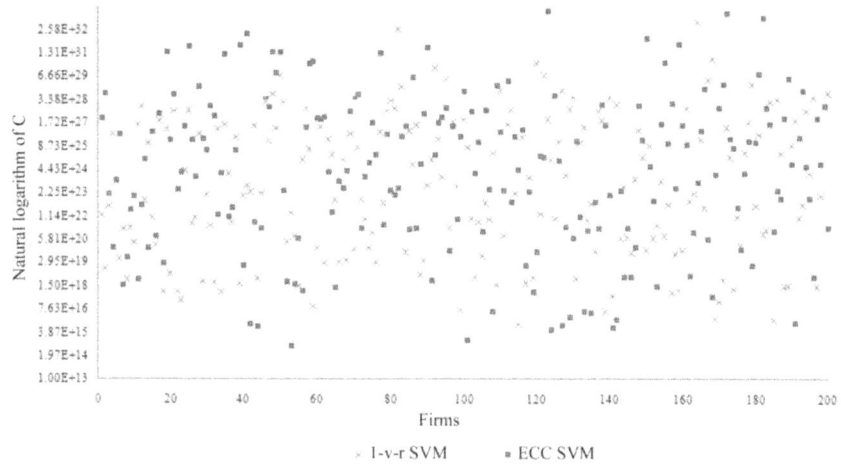

图 4-4　样本企业的 MC-SVM 参数 c 分布

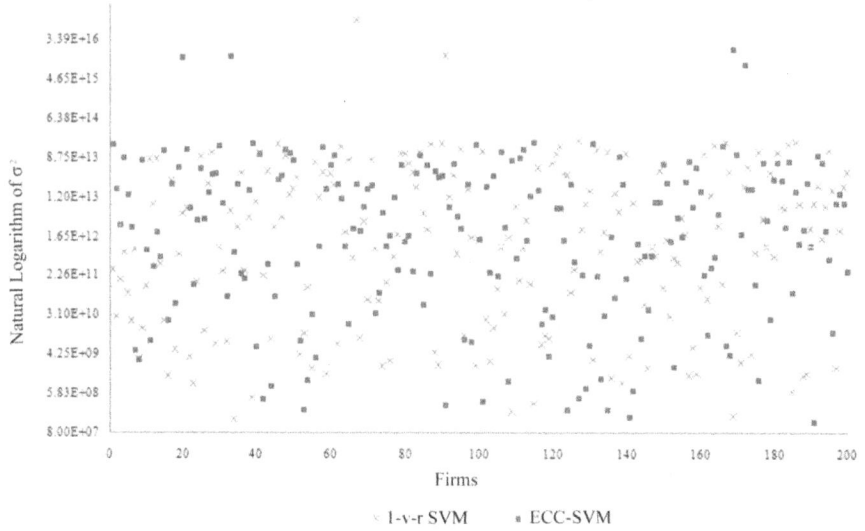

图 4-5　样本企业的 MC-SVM 参数 σ^2 分布

三、企业供应链突发事件的识别

样本企业 2011 年公布的季度报告和零散公告数据被用于测试本章所提出的模型方法。这里也采用 KMC 作为比较方法。首先，对于每个样本企业，采用 MC-SVM 通过匹配组合（Matching Portfolios，MP）完成 SCD 识别。其次，对于每个样本企业，采用 KMC 和未匹配组合（Without Matching Portfolios，WMP）的 MC-SVM 进行 SCD 识别。SCD 识别的准确率如图 4-6、图 4-7 和图 4-8 所示。

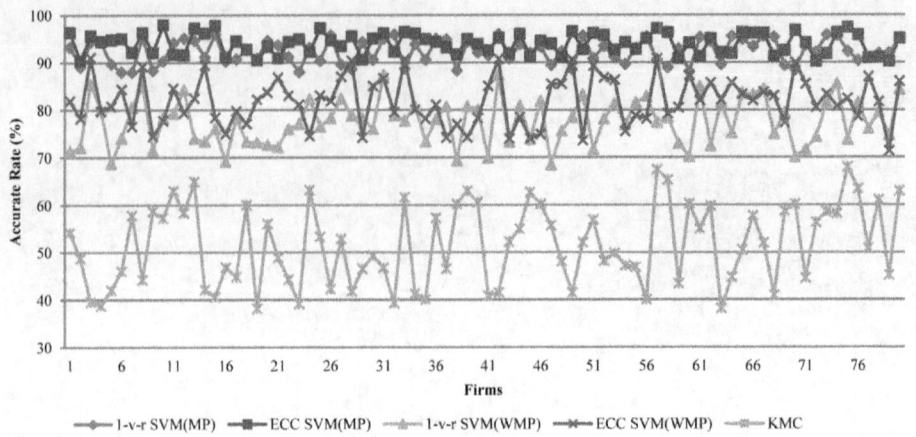

图 4-6 制造业企业 SCD 识别准确率

从图 4-6 中可以看出,1-v-r SVM(MP)和 ECC SVM(MP)两种方法的制造业 SCD 识别准确率要明显高于未匹配组合的方法 1-v-r SVM(WMP)和 ECC SVM(WMP)。这说明对制造业样本企业进行匹配组合有助于提高 SCD 的识别准确率。在 80 个制造业样本企业中,1-v-r SVM(MP)和 ECC SVM(MP)在所有样本企业的 SCD 识别准确率上分别远高于 1-v-r SVM(WMP)和 ECC SVM(WMP)。而所有 SVM 方法的准确率均高于 KMC。

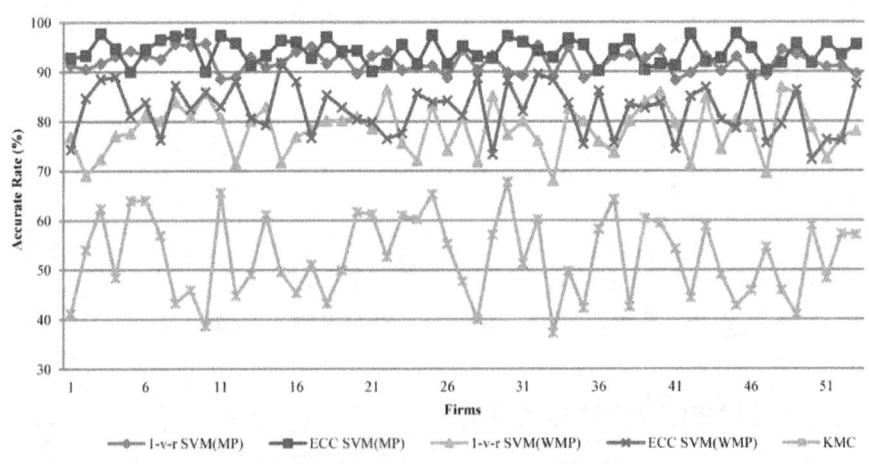

图 4-7 农业企业 SCD 识别准确率

从图 4-7 中可以看出,1-v-r SVM(MP)和 ECC SVM(MP)两种方法的农业企业 SCD 识别准确率要明显高于未匹配组合的方法 1-v-r SVM(WMP)和 ECC SVM(WMP)。同样,这说明对农业样本企业进行匹配组合有助于提高 SCD 的识别准确率。在 53 个农业样本企业中,1-v-r SVM(MP)和 ECC SVM(MP)

在所有样本企业的 SCD 识别准确率上分别远高于 1-v-r SVM（WMP）和 ECC SVM（WMP）。而所有 SVM 方法的准确率均高于 KMC。

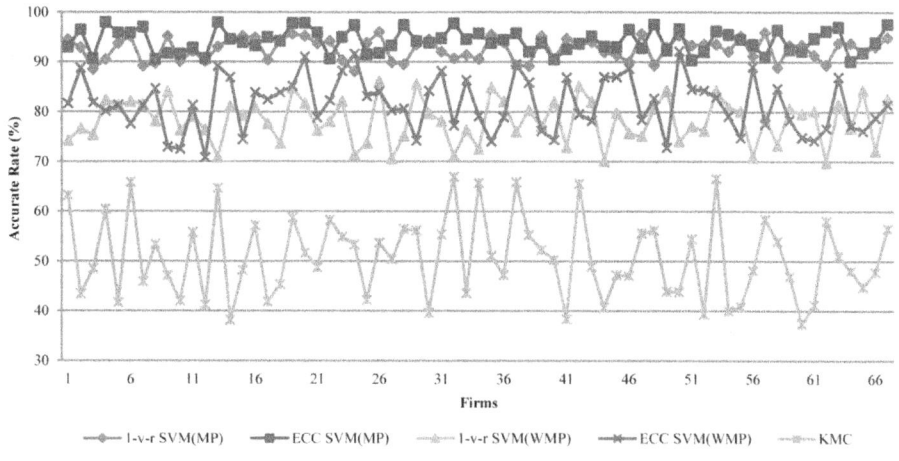

图 4-8　金融业企业 SCD 识别准确率

从图 4-8 中可以看出，1-v-r SVM（MP）和 ECC SVM（MP）两种方法的金融业企业 SCD 识别准确率要明显高于未匹配组合的方法 1-v-r SVM（WMP）和 ECC SVM（WMP）。同样，这说明对金融业样本企业进行匹配组合有助于提高 SCD 的识别准确率。在 67 个金融业样本企业中，1-v-r SVM（MP）和 ECC SVM（MP）在所有样本企业的 SCD 识别准确率上分别远高于 1-v-r SVM（WMP）和 ECC SVM（WMP）。而所有 SVM 方法的准确率均高于 KMC。

根据图 4-8 所示，首先，对于同类企业而言，无论是否采取匹配组合，采用 ECC 策略的 MC-SVM 的识别准确性都要略优于采用 1-v-r 策略的 MC-SVM 识别准确性。一个原因是，当采用 1-v-r 策略时，逐次得到的是 k 个二分类 SVM 模型。当对第 i 个 SVM 采用正向的第 i 类样本进行训练时，我们没有使用到负向的其他样本。因此类别越多，就需要越多的 SVM 模型，负向样本所含信息就越容易被忽略。相反，当采用 ECC 策略时，所有样本所含信息都包含在维度为 $k×L$ 的矩阵中。

其次，对于同类企业而言，带有匹配组合的 MC-SVMS 的识别性能要高于未匹配组合的 MC-SVMS。

图 4-9 展示了 80 家制造业样本企业的 SCD 识别准确率统计情况。1-v-r SVM（MP）的最大准确率、最小准确率和平均准确率分别为 96.0%、88.0% 和 92.3%。ECC SVM（MP）最大准确率、最小准确率和平均准确率分别为 97.9%、90.2% 和 94.0%。对应地，1-v-r SVM（WMP）最大准确率、最小准确率和平均

准确率分别为 87.4%、68.4% 和 77.5%。ECC SVM（WMP）最大准确率、最小准确率和平均准确率分别为 91.1%、71.4% 和 81.9%。

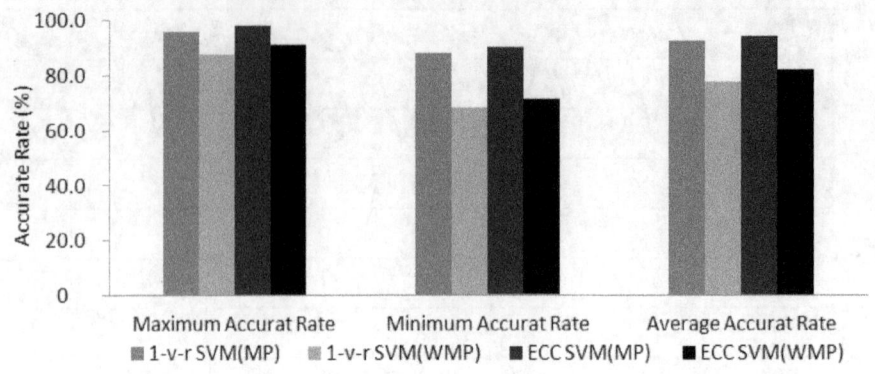

图 4-9　基于 MC-SVM 的制造业样本企业突发事件识别准确率统计

53 家农业样本企业的 SCD 识别准确率统计情况如图 4-10 所示。1-v-r SVM（MP）的最大准确率、最小准确率和平均准确率分别为 95.7%、88.3% 和 91.9%。ECC SVM（MP）最大准确率、最小准确率和平均准确率分别为 97.7%、90.0% 和 94.1%。对应的，1-v-r SVM（WMP）最大准确率、最小准确率和平均准确率分别为 86.9%、67.9% 和 78.4%。ECC SVM（WMP）最大准确率、最小准确率和平均准确率分别为 91.8%、72.3% 和 82.4%。

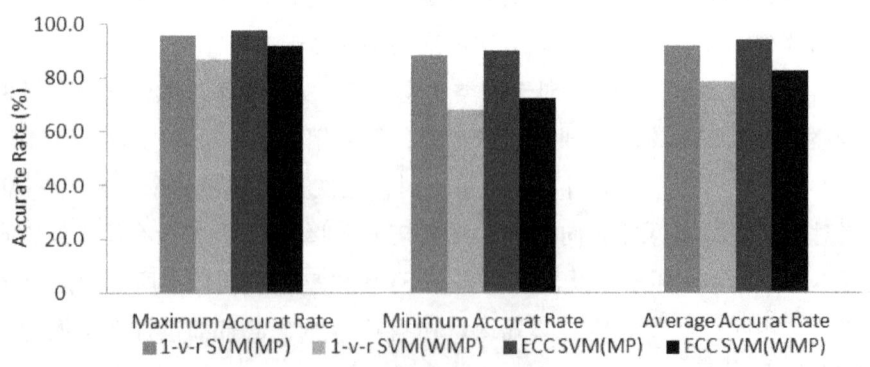

图 4-10　基于 MC-SVM 的农业样本企业突发事件识别准确率统计

67 家金融业样本企业的 SCD 识别准确率统计情况见图 4-11。1-v-r SVM（MP）的最大准确率、最小准确率和平均准确率分别为 96.0%、88.1% 和 92.6%。ECC SVM（MP）最大准确率、最小准确率和平均准确率分别为 98.0%、90.1% 和 94.2%。对应的，1-v-r SVM（WMP）最大准确率、最小准确率和平均准确率分别为 86.1%、69.8% 和 78.3%。ECC SVM（WMP）最大准确率、最小准确率和平均准确率分别为 92.1%、70.8% 和 81.5%。

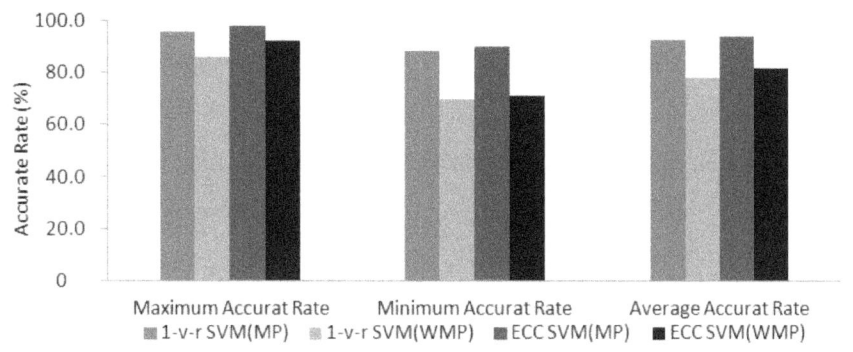

图 4-11　基于 MC-SVM 的金融样本企业突发事件识别准确率统计

同一匹配组合中的企业有着相似的资产负债率。这意味着，在遭受 SCD 时，它们的经济绩效中有更多的相同点。这有助于改进经济绩效与 SCD 的关系。

再次，所有类型 MC-SVM 在制造业和金融业样本企业的 SCD 识别表现都优于它们在农业样本企业的 SCD 识别上的表现。原因可能有两个。一个原因是农业样本企业的数目较之制造业样本企业和金融业样本企业而言偏少，这对于 MC-SVM 的训练有一定影响。另一个原因可能是研究采用的指标更加适用于制造业和金融业样本企业。

最后，四种类型的 MC-SVM 都比 KMC 有更好的表现。KMC 作为一种传统分类方法，通过训练要达到经验风险最小化。而 MC-SVM 则是通过训练达到结构风险最小化。MC-SVM 基于 SVMs，分类向量的维度对其性能没有直接影响，这与传统分类方法是不一样的。

第五节　2017 年至 2021 年企业供应链突发事件的经济绩效识别案例研究

一、样本选择

2020 年出现的新冠肺炎疫情给全球各个行业造成了深远影响。农业和制造业企业由于疫情造成的劳动力短缺、供应链阻塞和生产成本上升等负面效应，出现了库存积压、供应不足、资金链断裂乃至停产停工等供应链突发事件。而农业和制造业企业的经济绩效"消极"表现也影响了金融业企业的经济绩效，具体表现为金融业企业的资金周转周期延长、融资成本上涨、坏账比例增加以及市场表现不佳等。上述问题为本章提出的基于多类支持向量机的企业供应链突发事件的经济绩效评估提供了具有实践必要性和理论可行性的应用场景，同时也可对该方法的有效性进行检验。

参照本章第四节样本选择的方法，将新浪财经在线、《金融时报》和上海金融新闻作为研究的主要数据来源。研究时间区间从2017到2021年。信息采集关键词包括"延迟""短缺""减少""制造""生产""运输""派送""零件""零部件"以及其他短语的组合形式。本研究中一个公告必须满足第四节样本选择的4个标准。

最终，研究选择了从2017年到2021年500家上市企业的季度报告零散公告，共计2372的样本。有200家企业（合计1019份公告）被作为样本企业，剩余的300家企业（合计1352份公告）用于样本企业匹配组合。所有企业都在上海证券交易所和深圳证券交易所上市。此外，研究事先将这些企业按照产业类型分为制造业企业、农业企业和金融业企业。因此，在200家样本企业中，农业、制造业和金融业企业数各自为53家、80家和67家。之所以进行上述分类，是为了评估方法对于不同类型企业的适用性。样本企业的926分公告的分布情况见表4-4，其中的指标均在本章第三节中进行了讨论。

表4-4 样本企业1019份SCD公告的描述统计结果

制造业企业 （80家）指标	均值	中位数	标准差	最大值	最小值
净收益（¥百万元）	257.8121	73.9819	534.5884	32568.6412	-290.3536
营业收入（¥百万元）	4498.9060	1234.2005	11210.1062	231342.6566	1.3352
应收账款周转率（次）	182.8243	5.1978	5003.8238	158955.3891	-24.3127
库存周转率（次）	4.9193	2.2442	126.6138	3718.0824	1.5291
流动资产周转率（次）	1.3906	0.9640	1.5991	15.6705	0.9469
资产增长率（%）	115.2756	14.8568	840.4163	16834.8563	154.6749
资产负债率（%）	67.5073	130.2496	89.1492	2098.4933	3.3395
营运现金流量与销售 收入比（OCFS）（%）*	-0.0611	0.5035	7.8284	162.1038	-110.7049

续表

营运现金流量与负债比（OCFD）（%）*	0.6795	0.2306	15.9028	1788.0234	-40.8449
农业企业（53家）指标	均值	中位数	标准差	最大值	最小值
净收益（¥百万元）	256.9929	60.0143	914.4963	33969.4772	-129.7420
营业收入（¥百万元）	3971.6887	991.2380	20768.7939	258951.8699	0.3090
应收账款周转率（次）	195.4636	7.7621	2398.2551	163020.6352	-22.2441
库存周转率（次）	5.0026	2.8189	78.4603	7150.5092	0.7119
流动资产周转率（次）	0.9107	1.4277	1.1588	23.8486	0.2080
资产增长率（%）	82.8925	24.9371	577.0048	28549.7030	120.6771
资产负债率（%）	111.8284	78.2639	84.8952	2571.4644	4.2515
营运现金流量与销售收入比（OCFS）（%）*	-0.0672	0.8567	9.3839	186.9139	-175.3322
营运现金流量与负债比（OCFD）（%）*	0.8865	0.8036	16.1372	1532.9090	39.6786
金融业企业（67家）指标	均值	中位数	标准差	最大值	最小值
净收益（¥百万元）	292.4058	58.2198	1430.7553	36884.1922	-738.3769
营业收入（¥百万元）	3574.8046	919.8786	8645.4057	385084.9364	1.2739
应收账款周转率（次）	219.1758	5.3274	3838.4096	151550.1030	-27.4507
库存周转率（次）	4.8676	2.1021	93.9237	5708.2242	0.4511
流动资产周转率（次）	0.9687	0.5728	1.8177	20.6673	0.9584
资产增长率（%）	81.9842	23.0861	946.9385	13517.7465	-104.8468
资产负债率（%）	120.6654	105.9583	109.6054	2985.4401	4.9113
营运现金流量与销售收入比（OCFS）（%）*	-0.1002	0.2209	6.9896	168.8209	124.0535
营运现金流量与负债比（OCFD）（%）*	0.5925	0.2093	21.9469	1422.7855	60.5289

注："*"表示通过（P≤0.05）统计显著性检验

表4-5给出了调查时间区间中每年公告的分布情况，样本企业将近70%的公告集中在2019年至2021年。

表4-5　样本企业1019份SCD公告的年度分布

年份	发布公告数	当年公告数所占总公告数百分比
2017	104	10.2
2018	182	17.9
2019	248	24.3
2020	259	25.4
2021	226	22.2

二、匹配组合

首先，对每个样本企业，根据其从2017年到2020年的资产负债比进行匹配组合。企业的资产负债比如图4-12所示。

从图4-12中可以看出，相较于2007年到2010年样本企业和匹配企业的资产负债比数据，2017年到2020年的资产负债比数据整体趋向于集中，资产负债比的极值区间有所收敛。但与2007年到2010年样本企业和匹配企业类似的，2017年到2020年的资产负债比的一些数据点明显高于其他数据点，这是因为样本是随机选择的。根据本章第三节中提出的匹配组合步骤，虽然图中所有的数据点都表示企业的资产负债比，但是可能某些数据点最后不会匹配到任一组合中。

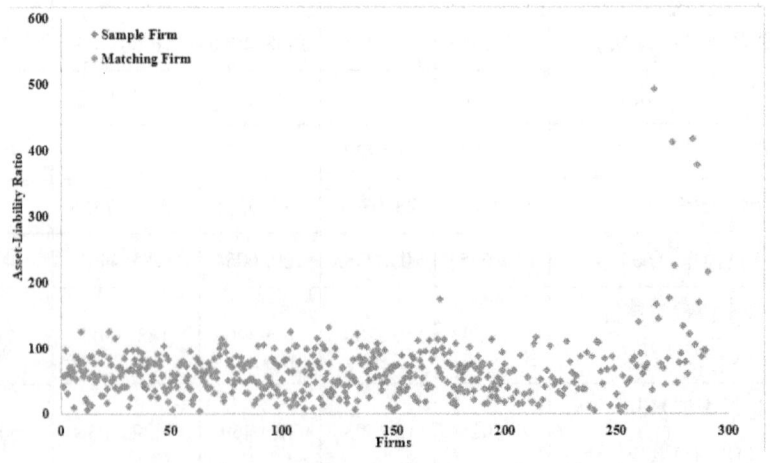

图4-12　案例企业资产负债比分布

与本章第四节中对匹配组合的分析方法特点相同,由于是对样本企业逐次进行匹配组合,因此所有组合中的非样本企业的总数大于案例中非样本企业的总数300家。研究没有对制造业、农业、金融业企业分别进行匹配组合,而是将所有不同类型的样本企业和非样本企业放在一起进行匹配组合。这是因为企业的资产负债比是一个跨产业的通用标准。

同时,对每个样本企业的匹配组合采用MC-SVM进行分析,并采用K均值分类方法(KMC)作为样本企业匹配组合的比对方法。两种方法的匹配组合结果如表4-6所示。明显的,MC-SVM在匹配组合的内外部性能上都占优,并且准确率也较高。

表4-6 MC-SVM和KMC方法匹配组合结果

	多类支持向量机方法	K均值分类方法
组合内最大距离	46.69	60.03
组合内最小距离	0.49	4.13
组合内平均距离	16.33	22.99
组合间最大距离	77.97	51.86
组合间最小距离	19.30	14.77
组合间平均距离	46.54	28.89
分类准确率最大值(%)	97.26	88.31
分类准确率最小值(%)	87.89	75.51
分类准确率平均值(%)	92.39	85.62

注:组合内样本企业和匹配企业之间的距离采用欧几里得距离。组合间的距离是样本企业之间的欧几里得距离。

组合中样本企业和匹配企业之间的距离采用欧几里得距离。组合间的距离是样本企业之间的欧几里得距离。比率(Rate)是分类的准确性。

根据样本企业的匹配组合结果,参照本章第四节匹配组合中的步骤,可对每个样本企业采用MC-SVM来获取其经济绩效与SCD之间的联系。如本章第二节中提及,本研究采用1-v-r和ECC策略的MC-SVM进行多分类训练得到MC-SVM的参数c和σ^2分布。如本章第二节提到的,c是惩罚值,其应该收敛至零,并且其对于MC-SVM的超平面的建立也是很重要的。σ^2是采用RBF的高斯核函数的偏差,其不应为零。通过c和σ^2,即可计算得出MC-SVM的其余参数α和

b。然后就能针对每个样本企业建立 MC-SVM 的 SCD 识别模型,并根据企业的经济绩效数据进行识别。

三、供应链突发事件的识别

样本企业 2011 年公布的季度报告和零散公告数据被用于测试本章所提出的模型方法。这里也采用 KMC 作为比较方法。首先,对于每个样本企业,采用 MC-SVM 通过匹配组合(Matching Portfolios, MP)完成 SCD 识别。其次,对于每个样本企业,采用 KMC 和未匹配组合(Without Matching Portfolios, WMP)的 MC-SVM 进行 SCD 识别。SCD 识别的准确率如图 4-13、图 4-14 和图 4-15 所示。

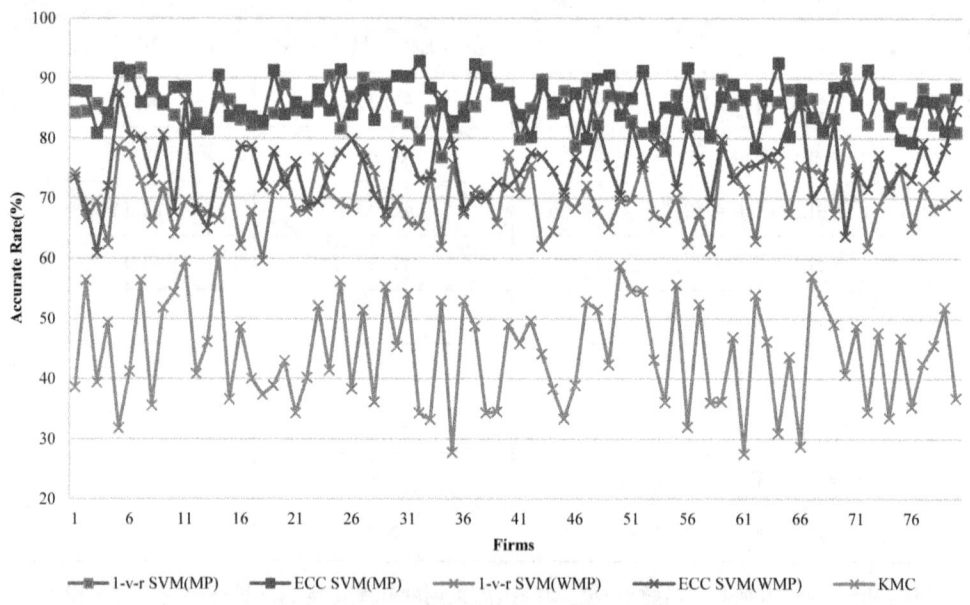

图 4-13 制造业企业 SCD 识别准确率

从图 4-13 中可以看出,1-v-r SVM(MP)和 ECC SVM(MP)两种方法的制造业 SCD 识别准确率要明显高于没有匹配组合的方法 1-v-r SVM(WMP)和 ECC SVM(WMP)。这说明对制造业样本企业进行匹配组合有助于提高 SCD 的识别准确率。在 80 个制造业样本企业中,1-v-r SVM(MP)在所有样本企业的 SCD 识别准确率上分别远高于 1-v-r SVM(WMP),ECC SVM(MP)在 77 个样本企业的 SCD 识别准确率上高于 ECC SVM(WMP)。而所有 SVM 方法的准确率均高于 KMC。

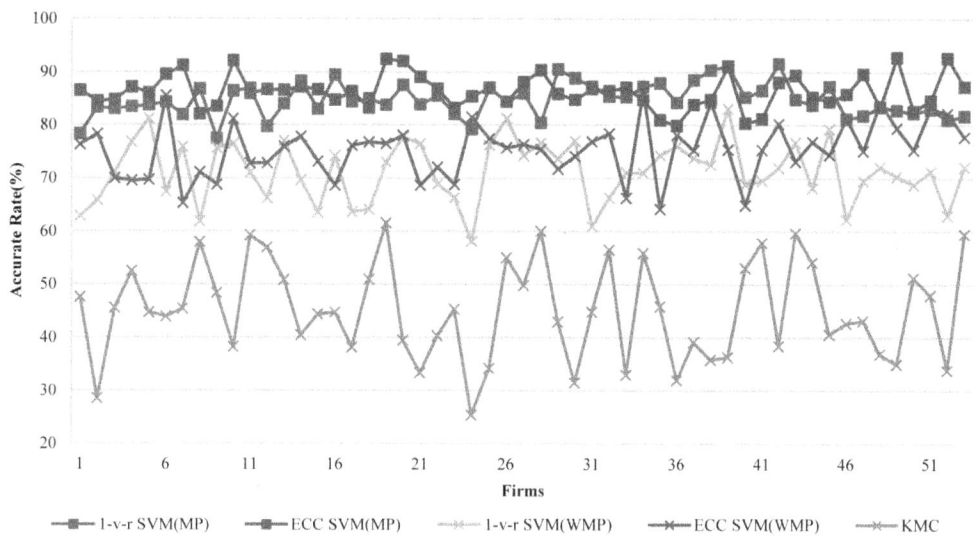

图 4-14 农业企业 SCD 识别准确率

从图 4-14 中可以看出，1-v-r SVM（MP）和 ECC SVM（MP）两种方法的农业企业 SCD 识别准确率要明显高于没有匹配组合的方法 1-v-r SVM（WMP）和 ECC SVM（WMP）。同样，这说明对农业样本企业进行匹配组合有助于提高 SCD 的识别准确率。在 53 个农业样本企业中，1-v-r SVM（MP）在所有样本企业的 SCD 识别准确率上分别远高于 1-v-r SVM（WMP），ECC SVM（MP）在 51 个样本企业的 SCD 识别准确率上高于 ECC SVM（WMP）。而所有 SVM 方法的准确率均高于 KMC。

从图 4-15 中可以看出，1-v-r SVM（MP）和 ECC SVM（MP）两种方法的金融业企业 SCD 识别准确率要明显高于没有匹配组合的方法 1-v-r SVM（WMP）和 ECC SVM（WMP）。同样，这说明对金融业样本企业进行匹配组合有助于提高 SCD 的识别准确率。在 67 个金融业样本企业中，1-v-r SVM（MP）在所有样本企业的 SCD 识别准确率上分别远高于 1-v-r SVM（WMP），ECC SVM（MP）在 65 个样本企业的 SCD 识别准确率上高于 ECC SVM（WMP）。而所有 SVM 方法的准确率均高于 KMC。

图 4-16 展示了 80 家制造业样本企业的 SCD 识别准确率统计情况。1-v-r SVM（MP）的最大准确率、最小准确率和平均准确率分别为 91.9%、76.7% 和 85.1%。ECC SVM（MP）最大准确率、最小准确率和平均准确率分别为 92.8%、78.4% 和 86.2%。对应地，1-v-r SVM（WMP）最大准确率、最小准确率和平均准确率分别为 79.7%、59.6% 和 69.9%。ECC SVM（WMP）最大准确率、最小准

确率和平均准确率分别为 87.6%、60.9% 和 75.2%。

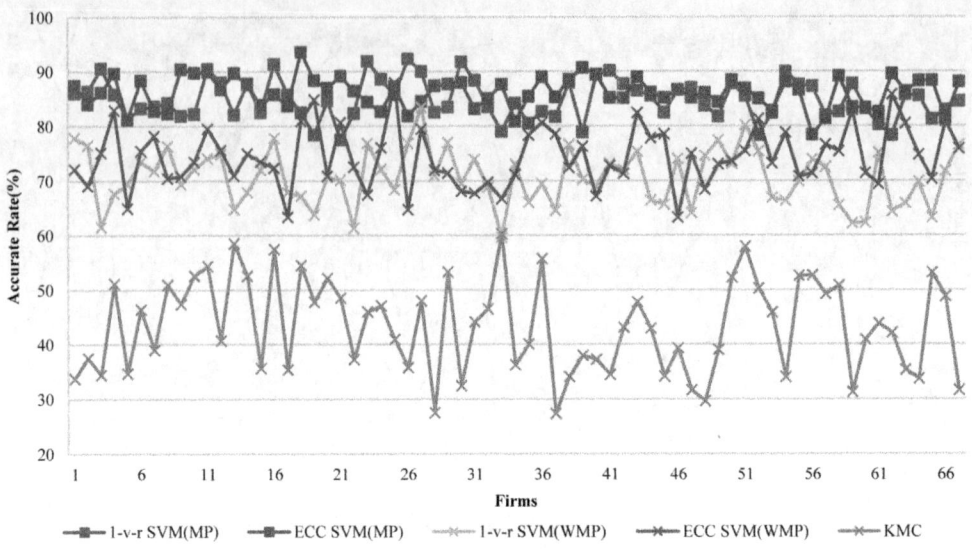

图 4-15　金融业企业 SCD 识别准确率

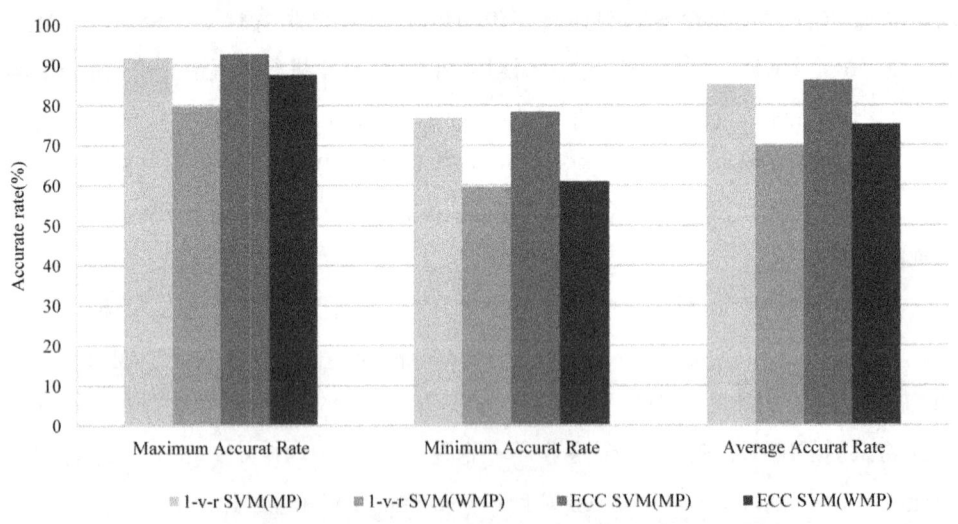

图 4-16　基于 MC-SVM 的制造业样本企业突发事件识别准确率统计

图 4-17 展示了 53 家农业样本企业的 SCD 识别准确率统计情况。1-v-r SVM（MP）的最大准确率、最小准确率和平均准确率分别为 91.6%、77.4% 和 84.8%。ECC SVM（MP）最大准确率、最小准确率和平均准确率分别为 92.8%、79.9% 和 86.4%。对应地，1-v-r SVM（WMP）最大准确率、最小准确率和平均准确率分别为 83.0%、58.1% 和 71.3%。ECC SVM（WMP）最大准确率、最小准

确率和平均准确率分别为 86.4%、64.2% 和 75.4%。

图 4-18 展示了 67 家金融业样本企业的 SCD 识别准确率统计情况。1-v-r SVM（MP）的最大准确率、最小准确率和平均准确率分别为 92.3%、77.5% 和 84.8%。ECC SVM（MP）最大准确率、最小准确率和平均准确率分别为 93.6%、78.4% 和 86.2%。对应地，1-v-r SVM（WMP）最大准确率、最小准确率和平均准确率分别为 83.4%、59.6% 和 70.6%。ECC SVM（WMP）最大准确率、最小准确率和平均准确率分别为 87.9%、63.2% 和 74.3%。

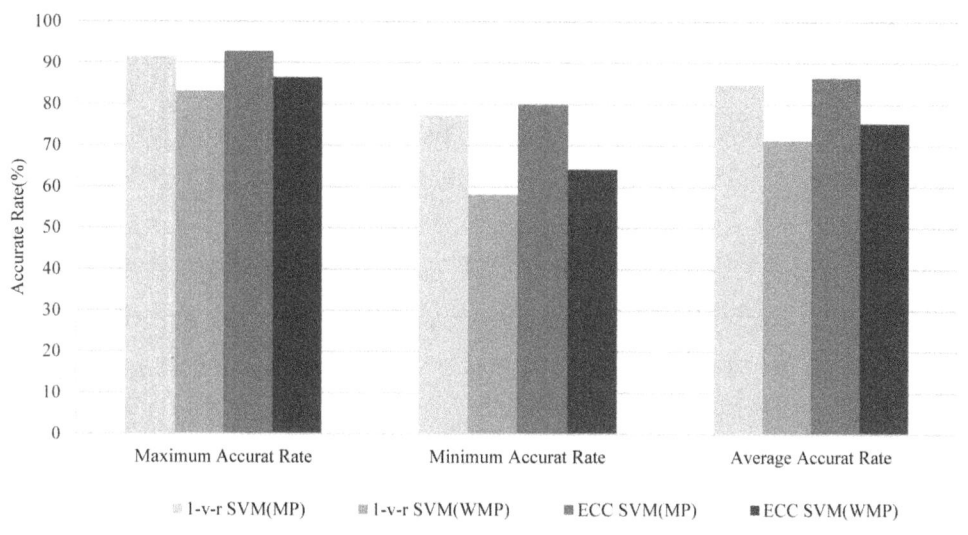

图 4-17 基于 MC-SVM 的制造业样本农业突发事件识别准确率统计

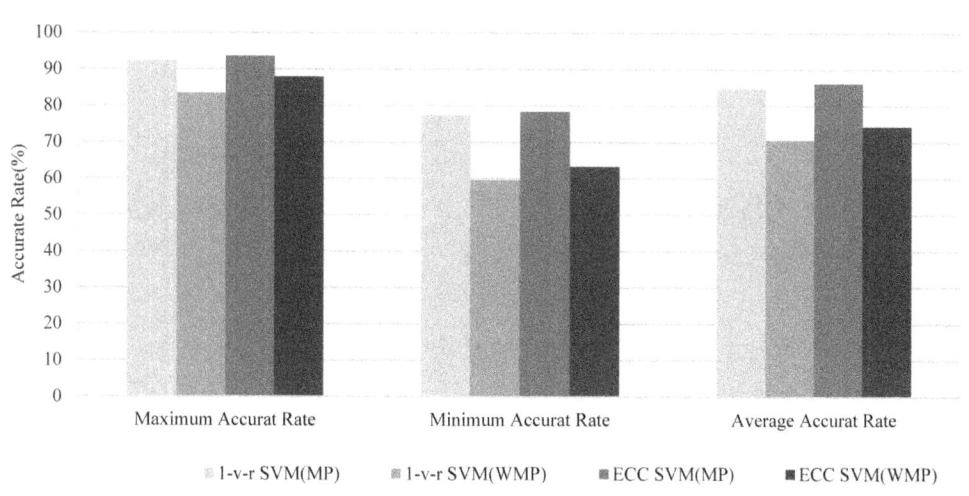

图 4-18 基于 MC-SVM 的制造业样本农业突发事件识别准确率统计

本节所得不同 MC-SVM 方法所得评估准确率之间的最大值、最小值和平均值的差异与本章第四节类似。

一方面，这说明本章提出的采用 MC-SVM 方法通过企业经济绩效数据来进行 SCD 识别的可行性是存在的，并且这种可行性可通过企业之间的匹配组合得以提升，因为来自相似企业的季度报告的数据可作为形似企业遭受 SCD 的证明。同一匹配组合中的企业有着相似的资产负债率。这意味着在遭受 SCD 时，它们的经济绩效中有更多的相同点。这有助于改进经济绩效与 SCD 的关系。

另一方面，本节各类 MC-SVM 方法所得评估准确率的最大值、最小值和平均值都要小于本章第四节中的相应结果。首先，企业所处供应链的内外部环境随时间变化而发生变化，这种变化是动态的并且大多数情况具有不确定性，因此从企业经济绩效数据出发识别 SCD 需要与时俱进，例如，扩展企业经济绩效的指标，细化 SCD 的类别等，甚至需要在企业经济绩效的基础上考虑其他企业内部因素。其次，本节是在样本企业 2017 年至 2020 年的匹配组合基础上对样本企业 2021 年的 SCD 进行识别。而从 2020 年年底出现的全球新冠肺炎疫情属于不可控的极端因素。直至今日，其给全球供应链造成了深远的影响并且会在未来长期持续下去。这为应用本节各类 MC-SVM 方法进行样本企业的 SCD 评估造成了困难，因为样本企业之前的匹配组合中极少存在的此类 SCD，提高了根据样本企业和其匹配组合的 SCD 类别和经济绩效数据对样本企业 2021 年的 SCD 进行评估的难度。

第六节　小结

近年来，对于企业经济绩效与 SCD 之间的关系已做了不少研究，但是缺少实际的案例研究来支持上述方法的有效性，也没有对从企业经济绩效出发进行 SCD 识别的支撑。

本章研究旨在通过中国上市企业的案例研究进行以企业经济绩效数据实现 SCD 的识别。研究探讨了该方法的有效性，并引入两种策略的 MC-SVM 作为 SCD 识别的模型方法。

首先，在 MC-SVM 的背景下，研究列举了表示企业经济绩效的指标和表示 SCD 类型的种类，并且通过 MC-SVM 实现样本企业匹配组合，研究了 SCD 对于具体企业的影响。此外，研究还讨论了应用 MC-SVM 进行 SCD 识别的数据来源和操作步骤。

其次，研究提出了来自 2007 年至 2011 年和 2017 年至 2021 年企业供应链突发事件的经济绩效评估的两个案例研究来测试所提出的模型方法，并将采集的中国上市企业季度报告和零散公告中的经济绩效信息作为指标值。通过比较带有匹配组合的 MC-SVM 模型和没有匹配组合的 MC-SVM 模型的 SCD 识别结果，发现采用 ECC 策略的 MC-SVM 要略优于采用 1-v-r 策略的 MC-SVM，其原因是 MC-SVM 不同策略的结构和整合特性。因此，研究得出由于匹配组合可视为遭受 SCD 的类似企业，带有匹配组合的 MC-SVM 能有助于提升 SCD 识别的准确性的结论。另外，通过比较 MC-SVM 和 KMC，研究得出前者对于 SCD 识别的准确率要优于后者，更能有效处理 SCD 中数据的不连续性和不规律性。这是因为 MC-SVM 采用的结构风险最小化，要优于传统分类方法如 KMC 的经验风险最小化。

在未来的研究中，SCD 识别的突发事件类别颗粒性和指标的完整性是一个重要方向。通过更多案例研究，有可能为不同企业找到准确快速识别 SCD 的合适指标。另外，研究中的样本企业也值得关注，这将有助于实践中的 SCD 指标选取研究。通过更多的中国企业案例进行 SCD 研究也是一个持续的方向。同时，SCD 识别所采用的模型方法也需要在实践中不断改进，以提升 SCD 识别的可行性和实效性。

第五章 基于多类支持向量机方法的供应链突发事件风险评估研究

第一节 绪论

近年来,在国内外研究中,齐等将突发事件应急管理为对象,分析了市场规模变化对供应链协调的影响。克雷格德(Craighead)等确定了供应链突发风险的成本性实质,就供应链的风险性、弹性和一致性等给出了相关研究。斯基珀(Skipper)和汉娜(Hanna)通过增加供应链弹性来最小化供应链突发事件风险。另外,已有文献针对供应链突发事件中的库存成本策略、供应商选择策略、零售商需求策略、供应商定价策略、零售商选址策略等进行了研究。对供应链突发事件的社会学和经济学模型、变量随机性、需求函数形式等研究也相继展开。

在供应链突发事件研究中,价格策略、数量折扣、契约协议等理论模型研究占有很大比重。陈和肖研究了线性数量折扣策略和 Groves 批发价格策略在供应链突发事件中的应用。肖等研究了全单位数量折扣和递增数量折扣在制造商生产成本出现突发风险以及需求出现突发风险时对供应链的协调作用。于辉等通过假定零售商需求为随机变量,针对相应供应链突发事件给出了改进后的回购契约和批发价契约。而就回购契约、收益共享契约以及价格折扣契约在供应链突发事件中的研究,王玉燕、庞庆华、胡劲松等分别以闭环供应链和三级供应链为研究对象,给出了相应的理论仿真结果。另外,盛方正等对突发事件极值概率下的转移支付进行了相应研究。

综上所述,现有供应链突发事件研究的模型方法大都属于理论仿真研究,通常需确定供应链中制造商、批发商、零售商的数量进行建模,或设定参与者的风险偏好,而针对供应链突发事件的实例研究较少。通过文献搜索发现,布莱克赫斯特(Blackhurst)等针对供应链突发事件进行了多产业、多方法案例研究,亨德里克斯(Hendricks)和辛加尔(Singhalze)根据1989—2000年的827份突发风险公告对供应链突发风险的长期证券价格效应和风险影响进行了研究。

吴军等在文献中指出:"目前关于供应链中突发事件的定性研究工作比较丰富,提出了一些事前预防措施和事后处理措施。但是这些措施是有成本的,必须对其在效用和成本之间进行权衡分析。现有研究工作主要以期望成本或期望收益为目标函数。由于突发事件的发生概率小且难以预测,但会造成巨大损失,如何选择合适的度量工具来评价这些措施是一个值得研究的问题。除了理论上的问题,实际应用研究都需要去开展。"

针对供应链突发事件实践研究中的小样本、多指标等特点以及从实际角度选择合适工具来评价供应链突发事件风险和措施这一问题,不同于已有文献的理论仿真研究框架,本文从风险评估角度将供应链突发事件作为一类风险进行研究,研究时段包括了风险前、后时段。在没有设置制造商、批发商、零售商数量以及风险偏好等前提下,参考已有供应链风险评估研究构建定量化风险评估体系,通过采集企业在供应链突发事件不同时段中的信息,运用多类支持向量机方法进行实例研究,从实践角度对供应链突发事件风险评估和措施进行评价。

定量化供应链风险评估传统方法是将风险事件的影响和发生概率相乘,这种方法容易产生类似于期望效用悖论的"风险悖论"。供应链突发事件存在概率小、影响大的特点,导致样本数不多,影响了传统方法的效率。因此,本文采用多类支持向量机作为定量化方法进行供应链突发风险评估实例研究,它在解决小样本、非线性、高维模式识别问题上表现出许多其他机器学习方法不可比拟的优势。多类支持向量机是在两类支持向量机基础上采用多种算法推广到多类分类问题上,如文本识别、图像分类等。

第二节 供应链突发事件风险评估体系

供应链风险评估是对供应链风险因素的定量测度和评价,包括供应链单因素评估和因素综合评估。在定量化供应链风险评估领域,研究成果并不多见,原因在于风险因素如何度量,以及风险因素之间的相关性如何在模型中得以体现仍处于研究阶段。

迄今,国内外学者对影响供应链风险评估的因素已有一定研究。其中,克兰菲尔德管理学院(Cranfield School of Management)在 2002 年提出了六大供应链风险因素:政治、经济、供应、需求、技术、法律,并针对每一类因素的主要内容和现象进行分析阐述。在这些因素中,既包括供应链外部环境的影响,如自然灾害、突发疫情、政局变动所造成的供需突变、合作变更等供应链突发事件,也包括供应链内部成员个体的生产水平、生产管理以及成员之间的合作关系、信息共享等所造成的供应链动态性。而已有的供应链突发事件研究,多数关注的是某一影响因素,如合作关系、合同变更等,这主要是由于在实践中,除了当事企业自身以外,供应链其他参与者以及外界难以获得供应链突发事件的完全信息。

因此,本文在建立供应链突发事件风险评估体系时,参照克兰菲尔德管理学院(Cranfield School of Management)的供应链风险评估体系,考虑了风险因素之间的相关性,结合文献中供应链实例研究方法进行度量,构建供应链突发事件风险评估体系如表 5-1 所示。

表 5-1 供应链突发事件风险评估体系

供应链外部环境风险评估指标	供应链内部企业个体风险评估指标	供应链内部企业间风险评估指标
自然灾害、产业政策、人为灾害、物流配送	生产量、销售价格、库存水平、总资产、雇员数、净收益	需求预期、客户关系、供应商数目、供应商财务状况

本文参照文献中评价体系的数据采集方法,根据企业发布的单独的以及包含在季度(年度)报告中的供应链突发事件公告所处日期的当期、前期、后期季度(年度)报告数据进行数据采集,主要原因如下。

首先,许多关于上市公司突发事件公告的研究表明突发事件在公告之前就已经发生，但该突发事件公告却作为季度（年度）财务报表的一部分在事件发生一段时间后发布。这表明企业想要延迟发布突发事件公告。因为在公告预期发布时间之前进行发布可能有助于竞争对手获得相关信息，或对客户和供应商的信任度造成不利影响，影响原料供应和产品销售，而且企业可能已经针对供应链突发事件采取应急措施，并认为能做出快速恰当的处理。

其次，由于企业存在延迟突发事件公告的动机，而市场可通过多种渠道获得关于突发事件的不完全信息，如发布会、商业期刊文章以及观察分析报告等。从而在企业公布供应链突发事件前，市场中就显现出突发事件的部分影响。因此，本文选择突发事件公告的前一季度（年度）财务报表作为数据来源的一部分。

最后，为了全面评估供应链突发事件风险，需对突发事件公布后期的企业应急管理进行评价。相关研究通过统计分析表明针对重大意义的突发事件公告，企业采取的应急管理对事后的企业财务状况具有重要影响。并且，在客户和供应商对企业的突发事件应急管理做出回应后，突发事件可继续影响企业的财务状况。所以，应将突发事件公告后期的相关信息纳入供应链突发事件风险评估的数据来源。

第三节　供应链突发事件风险评估的多类支持向量机简介

支持向量机最初是针对二类分类问题提出的。因此，将支持向量机推广到多类分类成为目前 SVM 研究的热点问题之一。到目前为止，已提出了许多解决多类分类问题的方法，统称为"多类支持向量机"（Multi-category Support Vector Machines），大致分为两类：

（1）通过某种方式构造一系列的两类分类器并将它们组合在一起来实现多类分类；

（2）将多个分类面的参数求解合并到一个最优化问题中，通过求解该最优化问题"一次性"地实现多类分类。

第二类方法看似简洁，但在最优化问题求解过程中的变量远多于第一类方法，训练速度不及第一类方法，在分类精度上也不占优势。因此，本文采用第一类多类支持向量机方法。现有的常用多类支持向量机方法及性能特点如表5-2所示。

表 5-2 常用多类支持向量机方法及性能特点

名称	分解策略	组合策略	训练速度	分类速度	结构选择与推广性能
一对多 SVMs（1-v-r SVMs）	每次从样本中挑选出一类为正类，剩下的为负类	最大优选策略	$T_{1-v-r}=kcm^\gamma$	k 个分类器	证明了推广上界与特征空间的维数无关
一对一 SVMs（1-v-1 SVMS）	每次从样本集中任意挑选两个类别	投票选举策略	$T_{1-v-1} \approx 2^{\gamma-1}k^{2-\gamma}cm^\gamma$	$k*(k-1)/2$ 个分类器	至今没有推广性能描述
有向无环图 SVMs（DAG SVMs）	与 1-v-1 SVMS 方法相同	有向无环图策略	同 T_{1-v-1}	$k-1$ 个分类器	证明了推广上界
纠错编码 SVMs（ECC SVMs）	构造 k 行 L 的矩阵，每列由 0 和 1 构成，每次将为零的为一类，为 1 的为另一类	以码本内 k 个编码同 SVM 分类器编码 d 的最小汉明（Minimum Hamming Distance）距离为标准	$T_{ECC}=Lcm^\gamma$	理论上 $\log_2 k$ 个分类器	证明了推广上界与特征空间的维数无关
二叉树 SVMs（H-SVMS）	将样本分成两组，使其聚类中心距离最大，且每组样本数据分歧最小	树结构	$T_H = \sum_{i=0}^{k-2} c\left(\dfrac{(k-i)m}{k}\right)^\gamma$（正） $T_H = \sum_{i=0}^{e-1} 2^i c\left(\dfrac{m}{2^i}\right)^\gamma$（偏）	偏态树从 1 到 $k-1$ 个分类器不等，正态树约为 $\log_2 k$ 个分类器	至今没有推广性能描述

注：表中 k 为类别数，L 为纠错编码长度，c 为常数，γ 的值与分解算法有关。二叉树 SVMs 包括正态树和偏态树。偏态树从顶层开始，每一个包含多个类别的节点上的分类器只将

一个类别与其他类别分开；正态树从顶层开始，每一个包含多个类别的节点上的分类器都将其中类别均分成两类。

根据表5-2中所列多类支持向量机方法的分解、组合策略以及推广性能特点，本文采用1-v-r SVMs和ECC SVMs两种多类支持向量机方法进行供应链突发事件风险评估的实例研究。

第四节 案例研究

通过采集2008年至2021年在沪市上市的房地产企业所发布单独的以及包含在季度（年度）财务报表中的供应链突发事件公告，得到各年上市企业突发事件公告的统计数据见表5-3。本文涉及企业发布的公告样本总量为

$$x_i \in R^{16}, y_i, i = 1, \cdots, 7544$$

式中，16为评估体系指标总数（见表5-3），7544为2008年至2021年中每年沪市房地产上市企业总数×（每年季报次数+每年年报次数）的总和再加上该时段中房地产企业的单独公告数。本文从公告中随机抽样出与供应链突发事件相关的公告样本，共计332。x_i为根据公告内容得出的对应于评估体系各指标的数据向量，y_i的值取决于不同的类别数。

表5-3 2008年至2017年抽样供应链突发事件公告数

年份	抽样突发事件公告数（个）	所占14年抽样突发事件公告总数比例（%）	当年单独突发事件公告所占比例（%）
2008	13	5	31
2009	18	8	22
2010	24	10	21
2011	21	9	29
2012	22	9	23
2013	18	8	22
2014	28	12	21
2015	31	13	26

续表

2016	33	14	21
2017	32	13	25
2018	14	10	22
2019	23	12	24
2020	22	15	32
2021	33	18	44
总计	332		

　　从表5-3中可看出，随着国内房地产企业的经济影响力增加，以及由此引发的对房地产企业的关注，相关供应链突发事件公告的数量逐年递增。并且，在2020年全球出现新冠肺炎疫情后，受疫情等多方面的影响，以及企业从自身出发有对供应链突发事件进行延期性公告的动机，各年度的单独突发事件公告所占比重较少。这印证了本文将证券市场中企业所发布的季度（年度）财务报表作为主要途径，并辅之以单独的供应链突发事件公告来获取供应链突发事件风险信息是一种可行方法。

　　考虑到抽样公告样本所属企业的规模差异，在数据采集时，对供应链外部风险评估指标数据采用德尔菲法进行处理，各指标数据分为5个等级，对应"很好、好、一般、差、很差"；对供应链内部企业个体风险评估指标数据采用"当期与前期的变化率"和"后期与当期的变化率"进行采集；对供应链内部企业间风险评估指标中的供应商数目和需求预期采用"当期与前期的变化率"和"后期与当期的变化率"的变化率进行采集；对客户关系和供应商财务状况采用德尔菲法进行处理，各指标数据分为3个等级，对应"好、中、差"。

　　完成数据采集和处理后，分别采用1-v-r SVMs和ECC SVMs两种多类支持向量机方法进行供应链突发事件风险评估。SVM算法软件采用由Katholieke Universiteit Leuven开发的LS-SVMlab Toolbox。SVM所需学习样本为从2008—2014年的172个样本，测试样本为从2015—2021年的160个样本，并分别进行类别数为3和4的分类，学习样本的y_i值通过专家系统方法获得。采用两种多类支持向量机方法所得结果如图5-1所示。

　　从分类结果上看，两种多类SVM方法所得3分类和4分类结果的比重构成都很类似。而从分类具体结果来看，两种多类SVM方法在3分类的学习性能上都取得了不错的精度。1-v-r SVM 的 3 分类和 4 分类学习精度分别为 94.14% 和 80.26%，ECC SVM 的 3 分类和 4 分类学习精度为 92.46% 和 81.65%。因此，下面对 1-v-r SVM 方法所得 3 分类结果进行分析，其对应的风险评估体系指标值如表 5-4 所示。

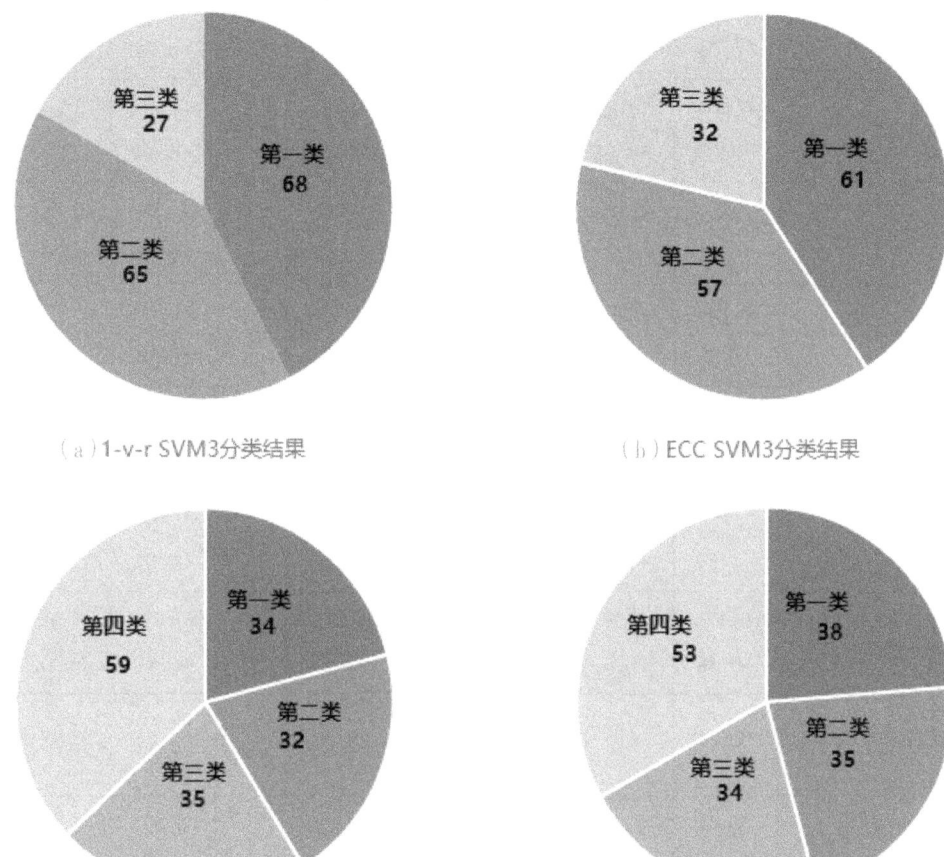

(a) 1-v-r SVM3 分类结果　　　　　　(b) ECC SVM3 分类结果

(c) 1-v-r SVM4 分类结果　　　　　　(d) ECC SVM4 分类结果

图 5-1　1-v-r SVM 和 ECC SVM 供应链突发事件风险分类结果

表 5-4　1-v-r SVM 3 分类结果的风险评估体系指标值

指标	第一类突发事件公告			第二类突发事件公告			第三类突发事件公告		
	前期	当期	后期	前期	当期	后期	前期	当期	后期
自然灾害	[1,2]	[2]	[1]	[2,3]	[3,4]	[2,3]	[1,2]	[1,2,3]	[1,2]
产业政策	[2]	[2,3]	[2,3]	[1]	[1,2]	[1,2]	[1,2]	[2,3,4]	[2,3]

续表

人为灾害	[1,2]	[1,2]	[2]	[4,5]	[2,3]	[1,2]	[2,3]	[1,2,3]	[1,2]
物流配送	[2,3]	[2]	[1,2]	[3,4]	[2,3]	[1,2]	[1,2]	[3,4]	[2,3]
生产量	1	-0.17~-0.06	-0.04~-0.02	1	-0.22~-0.15	-0.09~-0.04	1	+0.02~+0.04	-0.05~-0.02
净收益	1	-0.04~-0.03	+0.05~+0.08	1	-0.16~-0.17	+0.03~+0.15	1	+0.03~+0.14	-0.04~-0.02
销售价格	1	-0.02~0	+0.06~+0.13	1	-0.16~-0.06	-0.02~+0.05	1	+0.02~+0.07	-0.05~+0.01
库存水平	1	+0.04~0.07	+0.02~+0.05	1	+0.02~+0.05	-0.05~+0.05	1	+0.04~+0.06	+0.02~+0.06
总资产	1	-0.02~-0.01	+0.01~+0.06	1	-0.12~-0.03	-0.01~+0.03	1	+0.03~+0.05	-0.14~-0.07
雇员数	1	0	0~+0.03	1	-0.17~-0.06	+0.02~+0.06	1	+0.01~+0.04	-0.04~-0.02
需求预期	1	+0.13~+0.18	+0.26~+0.31	1	-0.05~+0.08	+0.04~+0.14	1	+0.05~+0.10	-0.05~-0.02
客户关系	[1,2]	[3,4]	[2,3]	[2,3]	[3,4]	[1,2]	[2,3]	[3,4]	[2,3]
供应商数目	1	-0.11~-0.06	+0.03~+0.06	1	-0.15~-0.02	-0.02~+0.03	1	-0.05~-0.01	-0.04~-0.01
供应商财务状况	[1,2]	[2,3]	[2]	[1,2]	[2,3]	[1,2]	[2,3]	[2,3]	[2]

注：[ ] 中的数值为德尔菲法所得结果。供应链外部风险评估各指标数据分为 5 个等级，对应"很好、好、一般、差、很差"；客户关系和供应商财务状况各指标数据分为 3 个等级，对应"好、中、差"。供应链内部个体风险评估指标以及供应商数目和需求预期指标数据采用"当期与前期的变化率"和"后期与当期的变化率"，所以这些指标的前期数据为 1。

从第一类突发事件公告当期的指标值来看，相较于前期供应链的良好内外部环境，外部环境中的自然因素和产业政策出现不利趋势。企业生产量和净收益下降，库存增加，但对价格没有做出过多调整。这表明实践中企业在面临市场因政策趋紧对其供应链出现消极预期时，采用减少产量并坚挺价格的策略。其对需求预期呈积极态度，希望通过增加库存在未来获得更好收益。该风险评估结果使得公告当期的客户关系开始下降，因为企业对供应链突发事件风险的乐观评估与客户对产业政策调整的期待相反。从公告后期来看，企业达到了预期结果。虽然政策持续加紧，但企业的财务状况开始好转，供应商开始回归，客户接受了企业的措施，客户关系好转。

第二类突发事件公告前期的供应链外部环境发生了严重自然灾害或人为灾害。企业的物流配送受到影响，客户关系下降，并波及了供应商财务状况。实际中企业因外界或自身因素导致重大事件时，因延迟供应链突发事件公告而引起市场消极预期。从公告当期来看，虽然供应链外部环境出现好转，但企业财务状况由于供应商离开以及客户关系下降出现下滑。企业的生产量、净收益、销售价格下降以及库存增加，一方面是公告前期市场消极预期的影响在公告当期得以加强，另一方面可视作企业在评估风险后采取措施及需求以在未来收回损失。从公告后期来看，供应链外部环境持续好转，由于企业采取降价和减产策略，客户关系出现改善，供应商开始回归。这时企业降低产量，期望增加收益或弥补损失，但销售价格有降有升。这主要取决于企业对占领更多市场或更快挽回损失的选择，因此库存量的变化有所不同。

第三类突发事件公告前期的供应链外部环境相较于第二类较好，但供应商对于企业延迟供应链突发事件公告的消极期望没有引起企业重视。这可能由于企业在公告前期存在延迟公告发布，并通过采取增加供应量、提升价格同时增加库存的策略，希望降低公告当期的损失。但是，供应商前期财务状况已经出现恶化，只要得到企业供应链突发事件的任何信息，就会产生信任度的不确定性并进行转移。企业希望通过增加产能使供应商回归，但采取量价齐升策略，使得产业政策和客户关系向不利方向发展，导致后期财务状况在外部环境向好形势下出现不利趋势，对供应链突发事件风险进行了错误的评估，采取了不当的措施。

ECC SVM 所得结果与 1-v-r SVM 相一致，这里不再赘述。

综上所述，抽样的供应链突发事件风险公告样本可采用多类支持向量机方法按照评估体系得到很好的分类结果，而分类结果涵盖了企业面对因供应链外部环境、自身情况或者企业间关系等因素导致的供应链突发事件时所做出的评估和采取的措施，从实践角度对选择合适度量工具来评估企业供应链突发事件及措施进行了分析。

第五节 小结

现有供应链突发事件评估模型方法大都属于理论仿真研究，而实例研究相对匮乏。本文将供应链突发事件视作一种风险进行评估。针对供应链突发事件风险评估的小样本、多指标等特点以及从实际角度选择合适工具来评估供应链突发事件风险和措施这一问题，根据已有供应链风险定量评估研究构建供应链突发事件风险评估体系，采用多类支持向量机方法进行分析。通过采集样本公告所属企业的供应链突发事件公告前期、当期和后期的财务报表数据进行实例研究，验证了运用多类支持向量机进行供应链突发事件风险评估的可行性，从实践角度对企业的供应链突发事件风险评估结果和相应措施进行了评价。

第六章 结 论

在当前供应链竞争成为企业核心竞争力的背景下,供应链的内部结构越发复杂,外部的环境变化也越发频发。供应链突发事件是因供应链中各企业间的相互依赖关系和供应链外部环境的突变性所造成的供应链易损性和不确定性,其会造成企业的运营问题和经济损失。在供应链突发事件的识别、评估和应对等不同阶段采用合适的方法模型进行分析有助于企业减少突发事件发生的频率,降低突发事件的成本,缓解突发事件的影响,从而使得供应链保持常态化运行,提升竞争力。企业供应链的竞争力在很大程度上取决于供应链管理过程中控制各种风险的能力。在经济全球化的直接影响下,企业获取竞争优势,培育核心竞争力,打造世界知名品牌有赖于供应链网络的竞争力。因此,加强对供应链风险的管理,对可能发生危机事件进行事先预测和防范,能够起到防患于未然的作用。而建立供应链风险预警体系的最终目的是尽早识别风险,提早发出警报,进而采取预先防范控制措施,可以降低风险管理成本、减少风险危害,提高风险管理的效率。因此,开展供应链突发事件与识别的研究具有十分重要的理论和现实意义。

本研究立足于定量分析方法模型,将研究重点放在供应链突发事件的识别和评估上。通过对已有供应链突发事件指标体系、测量技术和评估方法等基础进行发展,研发适合具体实践应用的供应链突发事件评估和识别框架。对企业供应链突发危机事件的影响因素以及因素之间的关系开展理论和实践研究,构建相应的评估和识别的指标体系;并针对指标及影响因素特点,引入基于软集合理论的信息分析方法,通过指标体系挖掘企业供应链突发事件中各指标以及影响因素之间的关系,对所得关系理论分析结果在具体问题中的实践表现进行研究。

针对供应链突发事件评估问题,研究以供应链突发事件经济损失评估指标构建和评估方法改进为目标,首先,根据实际中企业可用信息引入软集合方法构建评估指标，并验证以其进行供应链突发事件经济损失评估的可行性。其次，针对评估指标数据的小样本特点，将多类支持向量机方法作为软集合方法的映射函数，得到供应链突发事件经济损失与评估指标之间的关联性。最后，通过案例研究验证采用软集合多类支持向量机方法进行供应链突发事件经济损失评估的可行性和有效性。

此外，相较于现有供应链突发事件评估大都属于理论仿真研究，本研究参照已有供应链风险评估体系，构建了包括供应链外部环境风险评估指标、内部企业个体风险评估指标、内部企业间风险评估指标的评估体系。在此基础上，采用多类支持向量机方法对企业的供应链突发事件公告前期、当期和后期的财务数据进行分析，通过案例研究验证了该评估体系的可行性。

针对供应链突发事件识别问题，研究从实践应用出发，对样本企业建立供应链突发事件识别的多类支持向量机模型。首先，从上市企业的季度报告和零散公告提取企业经济绩效信息和供应链突发事件信息，将其与多类支持向量机模型的论域和数据点等概念对应，构建供应链突发事件环境下的多类支持向量机模型的变量。其次，采用多类支持向量机为样本企业进行匹配组合，以此提取经济绩效与SCD之间的联系。最后，通过2007年至2011年企业供应链突发事件的经济绩效评估案例和2017年至2021年企业供应链突发事件的经济绩效评估案例验证了所提出的模型方法的有效性和可行性。

供应链突发事件相关领域的研究具有重要的理论意义和实践意义，对于提升企业收益，改进供应链结构，优化供应链管理等实践课题和相关的理论模型算法研发、分析框架构建等理论研究都是具有挑战性的课题。在未来的研究中，如何根据具体企业特点开展案例研究，从供应链突发事件的识别、评估和应对出发提出改进措施和建议是一个基本方向。同时，在案例研究的经验基础上，对供应链突发事件研究的模型和方法进行改进，使其更好地适用于供应链突发事件的不确定性也是一个重要的研究方向。

参考文献

[1] 董菁，季建华，孙琦．企业供应链突发事件的损失评价研究［J］．统计与决策，2011（09）：173-175.

[2] 傅俊辉等．零售商竞争的企业供应链对突发事件的协调应对［J］．工业工程与管理，2010（05）：29-34.

[3] 高波，石书生，韦诗韵．需求和价格时间敏感下企业供应链应对突发事件［J］．控制与决策，2011（9）：1363-1366+1372.

[4] 胡劲松，王虹．三级企业供应链应对突发事件的价格折扣契约研究［J］．中国管理科学，2007（03）：103-107.

[5] 姜丽宁，崔文田，林军．企业供应链应对生产能力突发事件的激励策略选择分析［J］．系统工程，2011（12）：40-45.

[6] 李忱，吴丽花．基于BP神经网络的企业供应链突发风险评价模型［J］．北京信息科技大学学报（自然科学版），2011（01）：1-5.

[7] 刘浪，石岩．回购契约应对非常规突发事件的三级企业供应链协调［J］．系统管理学报，2015（02）：296-303.

[8] 刘志刚，李德仁，秦前清．支持向量机在多类分类问题中的推广［J］．计算机工程与应用，2004（7）：10-14.

[9] 庞庆华．收益共享契约下三级企业供应链应对突发事件的协调研究［J］．中国管理科学，2010（04）：101-106.

[10] 盛方正，季建华，徐行之．基于极值理论和自组织临界特性的企业供应链突发事件协调［J］．系统工程理论与实践，2009（04）：67-74.

[11] 孙琦，季建华．影响企业供应链突发事件严重性的因素分析［J］．现代管理科学，2011（05）：26-28.

[12] 滕春贤, 胡引霞, 周艳山. 具有随机需求的企业供应链网络均衡应对突发事件 [J]. 系统工程理论与实践, 2009 (03): 16-20.

[13] 王玉燕. 收益共享契约下闭环企业供应链应对突发事件的协调分析 [J]. 中国管理科学, 2009 (06): 78-83.

[14] 吴军, 李健, 汪寿阳. 企业供应链风险管理中的几个重要问题 [J]. 管理科学学报, 2006 (06): 1-12.

[15] 吴忠和, 陈宏, 梁翠莲. 时间约束下不对称信息鲜活农产品企业供应链应对突发事件协调模型 [J]. 中国管理科学, 2015 (06): 126-134.

[16] 吴忠和, 陈宏, 赵千. 非对称信息下闭环企业供应链回购契约应对突发事件策略研究 [J]. 中国管理科学, 2013 (06): 97-106.

[17] 吴忠和, 陈宏, 赵千. 需求和生产成本同时扰动下企业供应链期权契约应对突发事件 [J]. 中国管理科学, 2013 (04): 98-104.

[18] 吴忠和等. 突发事件下不对称信息企业供应链协调机制研究 [J]. 运筹与管理, 2015 (01): 48-56.

[19] 叶世杰, 肖智, 朱光福. 基于软集合多类支持向量机方法的企业供应链突发事件经济损失评估 [J]. 物流技术, 2013 (21): 345-350.

[20] 于辉, 陈剑, 于刚. 回购契约下企业供应链对突发事件的协调应对 [J]. 系统工程理论与实践, 2005 (08): 38-43.

[21] 于辉, 陈剑, 于刚. 批发价契约下的企业供应链应对突发事件 [J]. 系统工程理论与实践, 2006 (08): 33-41.

[22] 于辉, 陈剑. 需求依赖于价格的企业供应链应对突发事件 [J]. 系统工程理论与实践, 2007 (03): 36-41.

[23] 于辉, 邓亮. 突发事件下企业供应链企业间援助行为分析 [J]. 软科学, 2011 (02): 116-120.

[24] 张欢, 汪贤裕. 虚拟第三方控制下企业供应链对突发事件的协调研究 [J]. 中国管理科学, 2010 (01): 66-71.

[25] 赵海峰, 毛婉晴. 突发事件下服务企业供应链期权与现货市场组合采购决策 [J]. 系统工程, 2014 (10): 78-83.

[26] 郑勇涛, 刘玉树. 支持向量机解决多分类问题研究 [J]. 计算机工程与应用, 2005 (23): 190-192.

[27] Alcantara, P. Measuring the influence of industry sector membership on supply chain disruption reporting [J]. Journal of business continuity & emergency

planning, 2015. 8 (4): 299-306.

[28] Altay, N., W. G. Green. OR/MS research in disaster operations management [J]. European Journal of Operational Research, 2006. 175: 475-493.

[29] Ambulkar, S., J. Blackhurst, S. Grawe. Firm's resilience to supply chain disruptions: Scale development and empirical examination [J]. Journal of Operations Management, 2015. 33-34: 111-122.

[30] Arkhipov, A., D. Ivanov. An entropy-based approach to simultaneous analysis of supply chain structural complexity and adaptation potential [J]. International Journal of Shipping and Transport Logistics, 2011. 3 (2): 180-197.

[31] Azad, N., et al. A new model to mitigating random disruption risks of facility andtransportation in supply chain network design [J]. International Journal of Advanced Manufacturing Technology, 2014. 70 (9-12): 1757-1774.

[32] Azad, N., et al. Strategies for protecting supply chain networks against facility and transportation disruptions: an improved Benders decomposition approach [J]. Annals of Operations Research, 2013. 210 (1): 125-163.

[33] B. G. Thengvall, J. F. Bard, G. Yu. Balancing user preferences for aircraft schedule recovery during irregular operations [J]. IIE Transactions, 2000. 32 (3): 181-193.

[34] Baghalian, A., S. Rezapour, R. Z. Farahani. Robust supply chain network design with service level against disruptions and demand uncertainties: A real-life case [J]. European Journal of Operational Research, 2013. 227 (1): 199-215

[35] Baus, K., R. Deb, K. P. Pattanaik. soft sets : an ordinal formulation of vagueness with some applications to the theory of choice [J]. Fuzzy Sets and Systems, 1992. 45: 45-58.

[36] Bhattacharya, A., et al. Design of a resilient shock absorber for disrupted supply chain networks: a shock - dampening fortification framework for mitigating excursion events [J]. Production Planning & Control, 2013. 24 (8-9): 721-742

[37] Blackhurst, J., et al. An empirically derived agenda of critical research issues for managing supply - chain disruptions [J]. International Journal of Production Research, 2005. 43 (19): 4067-4081.

[38] Blackhurst, J., K. S. Dunn, C. W. Craighead. An empirically derived framework of global supply resiliency [J]. Journal of Business Logistics, 2011. 32 (4): 374-391.

[39] Bode, C., et al. UNDERSTANDING RESPONSES TO SUPPLY CHAIN DISRUPTIONS: INSIGHTS FROM INFORMATION PROCESSING AND RESOURCE DEPENDENCE PERSPECTIVES [J]. Academy of Management Journal, 2011. 54 (4): 833-856.

[40] Bode, C., S. M. Wagner. Structural drivers of upstream supply chain complexity and the frequency of supply chain disruptions [J]. Journal of Operations Management, 2015. 36: 215-228.

[41] Bozena, K. Soft Set approach to the subjective assessment of sound quality [C]. 1998 IEEE INTERNATIONAL CONFERENCE ON FUZZY SYSTEMS AT THE IEEE WORLD CONGRESS ON COMPUTATIONAL INTELLIGENCE - PROCEEDINGS, 1998. 1-2: 669-674.

[42] Cai, X., J. Lu. Disruption Management Optimal Decisions of Supply Chain under Uncertain Environment Based on Dynamic Network [C]. INNOVATIVE COMPUTING AND INFORMATION (ICCIC 2011), Communications in Computer and Information Science, 2011. 231: 519-525.

[43] Cantor, D. E., J. V. Blackhurst, J. D. Cortes. The clock is ticking: The role of uncertainty, regulatory focus, and level of risk on supply chain disruption decision making behavior [J]. Transportation Research Part E-Logistics and Transportation Review, 2014. 72: 159-172.

[44] Cao, E., C. Wan, M. Lai, Coordination of a supply chain with one manufacturer and multiple competing retailers under simultaneous demand and cost disruptions [J]. International Journal of Production Economics, 2013. 141 (1): 425-433.

[45] Cao, E., X. Zhou, K. Lu. Coordinating a supply chain under demand and costdisruptions [J]. International Journal of Production Research, 2015. 53 (12): 3735-3752.

[46] Chan, F. T. S., A. Samvedi, S. H. Chung. Fuzzy time series forecasting for supply chain disruptions [J]. Industrial Management & Data Systems, 2015. 115 (3): 419-435.

[47] Chen, K., T. Xiao. Demand disruption and coordination of the supply chain with a dominant retailer [J]. European Journal of Operational Research, 2009. 197 (1): 225-234.

[48] Chopra, S., M. S. Sodhi. Reducing the Risk of Supply Chain Disruptions [J]. Mit Sloan Management Review, 2014. 55 (3): 73-+.

[49] Cortes, C., V. Vapnik. Support Vector Network [J]. Machine Learning, 1995 (20): 273-297.

[50] Craighead, C. W., et al. The severity of supply chain disruptions: Design characteristics and mitigation capabilities [J]. Decision Sciences, 2007. 38 (1): 131-156.

[51] Datta, P. P., M. G. Christopher. Information sharing and coordination mechanisms for managing uncertainty in supply chains: A simulation study [J]. International Journal of Production Research, 2011. 49 (3): 765-803.

[52] Davarzani, H., S. H. Zegordi, A. Norrman. Contingent management of supply chain disruption: Effects of dual or triple sourcing [J]. Scientia Iranica, 2011. 18 (6): 1517-1528.

[53] Dowty, R. A., W. A. Wallace. Implications of organizational culture for supply chaindisruption and restoration [J]. International Journal of Production Economics, 2010. 126 (1): 57-65.

[54] Friesz, T. L. Supply chain disruption and risk management [J]. Transportation Research Part B-Methodological, 2011. 45 (8): 1125-1127.

[55] Friesz, T. L., I. Lee, C. Lin. Competition and disruption in a dynamic urban supply chain [J]. Transportation Research Part B-Methodological, 2011. 45 (8): 1212-1231.

[56] Gedik, R., et al. Vulnerability assessment and re-routing of freight trains under disruptions: A coal supply chain network application [J]. Transportation Research Part E-Logistics and Transportation Review, 2014. 71: 45-57.

[57] Giri, B. C., S. Bardhan. Coordinating a supply chain under uncertain demand and random yield in presence of supply disruption [J]. International Journal of Production Research, 2015. 53 (16): 5070-5084.

[58] Gu, Q., G. Tagaras, T. Gao. Disruption Risk Management in Reverse Supply Chain by Using System Dynamics [C]. Proceedings of the 2014 International Con-

ference on Management Science and Management Innovation, 2014: 512-517.

[59] Gurning, R. O. S., et al. Mitigating maritime disruptions: evidence from the Australian-Indonesian wheat supply chain [J]. International Journal of Shipping and Transport Logistics, 2011. 3 (4): 406-429.

[60] Gurning, S., et al. Modelling of Multi-Mitigation Strategies for Maritime Disruptions in the Wheat Supply Chain [J]. Strojniski Vestnik-Journal ofMechanical Engineering, 2013. 59 (9): 499-510.

[61] Hahn, G. J., H. Kuhn. Value-based performance and risk management in supply chains: A robust optimization approach [J]. International Journal of Production Economics, 2012. 139 (1): 135-144.

[62] Harrison, T. P., et al. Supply Chain Disruptions Are Inevitable-Get READI: Resiliency Enhancement Analysis via Deletion and Insertion [J]. Transportation Journal, 2013. 52 (2): 264-276.

[63] Hendricks, K. B., V. R. Singhal, R. Zhang. The effect of operational slack, diversification, and vertical relatedness on the stock market reaction to supply chain disruptions [J]. Journal of Operations Management, 2009. 27 (3): 233-246.

[64] Hendricks, K. B., V. R. Singhal. An empirical analysis of the effect of supply chain disruptions on long-run stock price performance and equity risk of the firm [J]. Production and Operations Management, 2005. 14 (1): 35-52.

[65] Hishamuddin, H., R. A. Sarker, D. Essam. A recovery mechanism for a two echelon supply chain system under supply disruption [J]. Economic Modelling, 2014. 38: 555-563.

[66] Hishamuddin, H., R. A. Sarker, D. Essam. A recovery model for a two-echelon serial supply chain with consideration of transportation disruption [J]. Computers & Industrial Engineering, 2013. 64 (2): 552-561.

[67] Hu, F., et al. Coordination in a Single-Retailer Two-Supplier Supply Chain under Random Demand and Random Supply with Disruption [J]. Discrete Dynamics in Nature and Society, 2013.

[68] Huang, C., et al. Disruption management for supply chain coordination with exponential demand function [J]. Acta Mathematica Scientia, 2006. 26 (4): 655-669.

[69] Hur, S. H., et al. Dual-Route Distribution Strategy with Supply Chain Disruption [J]. Transportation Research Record, 2014 (2466): 12-21.

[70] Iakovou, E., D. Vlachos, A. Xanthopoulos. A stochastic inventory management model for a dual sourcing supply chain with disruptions. International Journal of Systems Science, 2010. 41 (3): 315-324.

[71] Ivanov, D., B. Sokolov, A. Dolgui. Control and system-theoretic identification of the supply chain dynamics domain for planning, analysis, and adaptation of performance under uncertainty [J]. European Journal of Operational Research, 2012. 224: 313-323.

[72] Ivanov, D., B. Sokolov, A. Dolgui. The Ripple effect in supply chains: trade-off 'efficiency-flexibility-resilience' in disruption management [J]. International Journal of Production Research, 2014. 52 (7): 2154-2172.

[73] Ivanov, D., B. Sokolov, J. Kaeschel. A multi-structural framework for adaptive supply chain planning and operations with structure dynamics considerations [J]. European Journal of Operational Research, 2010. 200 (2): 409-420.

[74] Ivanov, D., B. Sokolov. Control and system-theoretic identification of the supply chain dynamics domain for planning, analysis, and adaptation of performance under uncertainty [J]. European Journal of Operational Research, 2013. 224: 313-323.

[75] Jabbarzadeh, A., et al. Designing a Supply Chain Network under the Risk of Disruptions [J]. Mathematical Problems in Engineering, 2012.

[76] Jiang, X., Y. Li. Decision Models of Supply Chain Under Asymmetric Information With Demand Disruption [C]. SMART MATERIALS AND INTELLIGENT SYSTEMS, Advanced Materials Research, 2011. 143-144: 773-781.

[77] Jiang, Y. C., H. Liu, Y. Tang. Semantic decision making using ontology-based soft sets [J]. Mathematical And Computer Modelling, 2011. 53 (5-6): 1140-1149.

[78] Jin, S., J. Zhuang, Z. Liu. MONTE CARLO SIMULATION-BASED SUPPLY CHAIN DISRUPTION MANAGEMENT FOR WARGAMES [C]. Proceedings of the 2010 Winter Simulation Conference, 2010: 2682-2693.

[79] Jüttner, U., S. Maklan. Supply chain resilience in the global financial crisis:

[80] Kleindorfer, P. R., G. H. Saad. Managing disruption risks in supply chains [J]. Production and Operations Management, 2005. 14 (1): 53-68.

[81] Klibi, W., A. Martel. Modeling approaches for the design of resilient supply networks under disruptions [J]. International Journal of Production Economics, 2012. 135 (2): 882-898.

[82] Kostek, B. Soft set approach to the subjective assessment of sound quality [C]. 1998 IEEE INTERNATIONAL CONFERENCE ON FUZZY SYSTEMS AT THE IEEE WORLD CONGRESS ON COMPUTATIONAL INTELLIGENCE - PROCEEDINGS, 1998. 1-2: 669-674.

[83] Kumar, S., C. Chandra. Supply Chain Disruption by Avian flu Pandemic for U. S. Companies: A Case Study [J]. Transportation Journal, 2010. 49 (4): 1-73.

[84] Kumar, S., G. Harrison. Expect the Unexpected: Supply Chain Disruption and Opportunity for US Companies-A Business Case [J]. Transportation Journal, 2012. 51 (1): 118-136.

[85] Li Y, Chen K, Collignon S, et al. Ripple effect in the supply chain network: Forward and backward disruption propagation, network health and firm vulnerability [J]. EUROPEAN JOURNAL OF OPERATIONAL RESEARCH, 2021, 291 (3): 1117-1131

[86] Li, H., Y. Ru. Model of Supply Chain Disruption Risk Defense System [J]. Sensors, Mechatronics and Automation, 2014. 511-512: 1239-1243.

[87] Li, J., et al. Coordination of Supply Chain with a Dominant Retailer under Demand Disruptions [J]. Mathematical Problems in Engineering, 2014.

[88] Li, J., S. Wang, T. C. E. Cheng. Competition and cooperation in a single-retailer two-supplier supply chain with supply disruption [J]. International Journal of Production Economics, 2010. 124 (1): 137-150.

[89] Linfang L. Analysis of Emergency Management Strategy of Material Supply Chain Based on Internet + in the New Crown Epidemic [J]. Journal of Physics: Conference Series, 2021, 1910 (1) .

[90] Liu, G. Coordinating Supply Chain with Demand Disruption by Quantity Flexibility Contract [C]. Ninth Wuhan International Conference on E-Business,

Vols I-Iii. 2010. 2622-2626.

[91] Mari, S. I. , Y. H. Lee , M. S. Memon. Sustainable and Resilient Supply Chain Network Design under Disruption Risks [J]. Sustainability, 2014. 6 (10): 6666-6686.

[92] Marley, K. A. , P. T. Ward and J. A. Hill. Mitigating supply chain disruptions-a normal accident perspective [J]. Supply Chain Management-an International Journal, 2014. 19 (2): 142-152.

[93] Matsuo, H. Implications of the Tohoku earthquake for Toyota's coordination mechanism: Supply chain disruption of automotive semiconductors [J]. International Journal of Production Economics, 2015. 161: 217-227.

[94] Molodtsov, D. Soft Set theory—First results [J]. Computers & Mathematics with Application, 1999. 37: 19-31.

[95] Mushrif, M. M. , S. Sengupta, A. K. Ray. Texture classification using a novel soft-set theory based classification algorithm [C]. COMPUTER VISION - ACCV 2006, Lecture Notes in Computer Science, 2006. 3851: 246-254.

[96] Oke, A. , M. Gopalakrishnan. Managing disruptions in supply chains: A case study of a retail supply chain [J]. International Journal of Production Economics, 2009. 118 (1): 168-174.

[97] Pawlak, Z. Hard set and soft sets [M]. Poland: ICS Research Report. 1994.

[98] Pettit, J. T. , J. Fiksel, L. K. Croxton. Ensuring Supply Chain Resilience: Development of a Conceptual Framework [J]. Journal of Business Logistics, 2010. 31 (1): 1-21.

[99] Pishvaee, M. S. , J. Razmi, S. A. Torabi. Robust possibilistic programming for socially responsible supply chain network design: a new approach [J]. Fuzzy sets and systems, 2012. 206: 1-20.

[100] Porterfield, T. E. , J. R. Macdonald, S. E. Griffis. An Exploration of the Relational Effects of Supply Chain Disruptions [J]. Transportation Journal, 2012. 51 (4): 399-427.

[101] Puigjaner, L. , J. M. Lainez. Capturing dynamics in integrated supply chain management [J]. European Journal of Operational Research, 2008. 225 (1): 59-74.

[102] Qi X T, Bard J, Yu G. Supply chain coordination with demand disruption

[J]. Omega, 2004, 32 (4): 301-312.

[103] Qi, L., Z. M. Shen, L. V. Snyder. The Effect of Supply Disruptions on Supply Chain Design Decisions [J]. Transportation Science, 2010. 44 (2): 274-289.

[104] Qiang, P., A. Nagurney. A bi-criteria indicator to assess supply chain network performance for critical needs under capacity and demand disruptions [J]. Transportation Research Part a-Policy and Practice, 2012. 46 (5): 801-812.

[105] Qiang, Q., A. Nagurney, J. Dong. Modelling of supply chain risk under disruptions with performance measurement and robustness analysis [C]. Managing supply chain risk and vulnerability: Tools and methods for supply chain decision makers, 2009: 91-111.

[106] Rao, K. V. N. V., G. R. Janardhana. The effect of rescheduling on operating performance of the supply chain under disruption-A Literature review. Dynamics of Machines and Mechanisms, Industrial Research, 2014. 592-594: 2704-2710.

[107] Revilla, E., M. Jesus Saenz. Supply chain disruption management: Global convergence vs national specificity [J]. Journal of Business Research, 2014. 67 (6): 1123-1135.

[108] Ruan, J., S. Pang, G. Nong. Managing B2B-Supply Chain with Option Contract under Disruptions [C]. NEW MATERIALS AND PROCESSES, PTS 1-3, Advanced Materials Research, 2012. 476-478: 534-537.

[109] Ruan, J., S. Pang. Managing Option Contract in Supply Chain with B2B E-markets under Disruptions [C]. MATERIALS SCIENCE AND INFORMATION TECHNOLOGY, PTS 1-8, Advanced Materials Research, 2012. 433-440: 3138-3145.

[110] Samvedi, A., V. Jain. A grey approach for forecasting in a supply chain during intermittent disruptions [J]. Engineering Applications of Artificial Intelligence, 2013. 26 (3): 1044-1051.

[111] Santoso, T., et al. A stochastic programming approach for supply chain network design under uncertainty [J]. European Journal of Operational Research, 2005. 167: 96-115.

[112] Sawik, T. On the fair optimization of cost and customer service level in a supply chain under disruption risks [J]. Omega-International Journal of Management Science, 2015. 53: 58-66.

[113] Schmidt, W. Supply Chain Disruptions and the Role of Information Asymmetry [J]. Decision Sciences, 2015. 46 (2): 465-475.

[114] Schmitt, A. J. Strategies for customer service level protection under multi-echelon supply chain disruption risk [J]. Transportation Research Part B-Methodological, 2011. 45 (8): 1266-1283.

[115] Schmitt, A. J., et al. Centralization versus decentralization: Risk pooling, riskdiversification, and supply chain disruptions [J]. Omega-International Journal of Management Science, 2015. 52: 201-212.

[116] Schmitt, A. J., M. Singh. A quantitative analysis of disruption risk in a multi-echelon supply chain. International Journal of Production Economics [J], 2012. 139 (1): 22-32.

[117] Shan, X., J. Zhuang. Subsidizing to disrupt a terrorism supply chain-a four-player game [J]. Journal of the Operational Research Society, 2014. 65 (7): 1108-1119.

[118] Shao, X. Supply chain characteristics, disruption mitigation capability: an empirical investigation in China. [J] International Journal of Logistics-Research and Applications, 2013. 16 (4): 277-295.

[119] Shao, X., M. Dong. Supply Disruption and Reactive Strategies in an Assemble-to-Order Supply Chain With Time-Sensitive Demand [J]. Ieee Transactions on Engineering Management, 2012. 59 (2): 201-212.

[120] Shu, T., et al. GBOM-oriented management of production disruption risk and optimization of supply chain construction [J]. Expert Systems with Applications, 2014. 41 (1): 59-68.

[121] Shukla, A., V. A. Lalit, V. Venkatasubramanian. Optimizing efficiency-robustness trade-offs in supply chain design under uncertainty due to disruptions [J]. International Journal of Physical Distribution & Logistics Management, 2011. 41 (5-6): 623-646.

[122] Sinha D, Bagodi V, Dey D. The Supply Chain Disruption Framework Post-COVID-19: A System Dynamics Model [J]. FOREIGN TRADE REVIEW,

2020, 55 (4): 511-534.

[123] Skipper, J. B., J. B. Hanna. Minimizing supply chain disruption risk through enhanced flexibility [J]. International Journal of Physical Distribution & Logistics Management, 2009. 39 (5): 404-427.

[124] Squire, B., Y. Chu. An Exploratory Analysis of a Decade of Supply Chain Disruptions [C]. PROCEEDINGS OF THE FOURTH INTERNATIONAL CONFERENCE ON OPERATIONS AND SUPPLY CHAIN MANAGEMENT (ICOSCM 2010). Series of Operations and Supply Chain Management in China. 2010. 4: 791-793.

[125] Swierczek, A. The impact of supply chain integration on the " snowball effect" in the transmission of disruptions: An empirical evaluation of the model [J]. International Journal of Production Economics, 2014. 157: 89-104.

[126] Swierczek, A. The relationship between the span of supply chain structure and the " knock-on effect" in the transmission of disruptions [C]. 2013 10th International Conference on Service Systems and Service Management (Icsssm), 2013: 65-69.

[127] Tomlin, B. On the value of mitigation and contingency strategies for managing supply chain disruption risks [J]. Management Science, 2006. 52 (5): 639-657.

[128] Vahdani, B., M. Zandieh, V. Roshanaei. A hybrid multi-stage predictive model for supply chain network collapse recovery analysis: A practical framework for effective supply chain network continuity management [J]. International Journalof Production Research, 2011. 49 (7): 2035-2060.

[129] Verhoosel, J. P. C., et al. A model for scheduling of object-based, distributed real-time systems [J]. Real-Time Systems, 1995. 8 (1): 5-34.

[130] Wagner, S. M., K. J. Mizgier, P. Arnez. Disruptions in tightly coupled supply chain networks: the case of the US offshore oil industry [J]. Production Planning & Control, 2014. 25 (6): 494-508.

[131] Wagner, S. M., N. Neshat. Assessing the vulnerability of supply chains using graph theory [J]. International Journal of Production Economics. 126 (1): 121-129.

[132] Wakolbinger, T., J. M. Cruz. Supply chain disruption risk management

through strategic information acquisition and sharing and risk-sharing contracts [J]. International Journal of Production Research, 2011. 49 (13): 4063-4084.

[133] Wang, Y. M., H. L. Yin, Ieee. Integrated Optimization for Supply Chain with Facility Disruption [C]. 2013 Ieee International Conference on Mechatronics and Automation (Icma), 2013: 1625-1629.

[134] Wei, D., et al. Research on Closed-loop Supply Chain Buy Back Contract of Anti-Disruption When Demand and Production Cost Disruptions [C]. 2013 25TH CHINESE CONTROL AND DECISION CONFERENCE (CCDC), Chinese Control and Decision Conference. 2013. 713-719.

[135] Wei, H., M. Dong, S. Sun. Inoperability Input-Output Modeling (IIM) of Disruptions to Supply Chain Networks [J]. Systems Engineering, 2010. 13 (4): 324-339.

[136] Whitney, D. E., J. Luo, D. A. Heller. The benefits and constraints of temporary sourcing diversification in supply chain disruption and recovery [J]. Journal of Purchasing and Supply Management, 2014. 20 (4): 238-250.

[137] Widodo, A., B. S. Yang. Support vector machine in machine condition monitoring and fault diagnosis [J]. Mechanical Systems and Signal Processing, 2007. 21 (6): 2560-2574.

[138] Wildgoose, N., P. Brennan, S. Thompson. Understanding your supply chain to reduce the risk of supply chain disruption [J]. Journal of business continuity & emergency planning, 2012. 6 (1): 55-67.

[139] Wu, L., Y. Zang. Knowledge-Based Decision Support Model for Supply Chain Disruption Management [C]. APPLIED INFORMATICS AND COMMUNICATION, PT 5. Communications in Computer and Information Science. 2011. 228: 513-521.

[140] Wu, Y., et al. Performance evaluation of supply chain networks with assembly structure under system disruptions [J]. Computers & Operations Research, 2012. 39 (12): 3229-3243.

[141] Xiao, T., X. Qi, G. Yu. Coordination of supply chain after demand disruptions when retailers compete [J]. International Journal of Production Economics, 2007. 109 (1-2): 162-179.

[142]　Xiao, T., X. Qi. Price competition, cost and demand disruptions and coordination of a supply chain with one manufacturer and two competing retailers [J]. Omega-International Journal of Management Science, 2008. 36 (5): 741-753.

[143]　Xiao, Z., K. Gong, Y. Zou. A combined forecasting approach based on fuzzy soft sets [J]. Journal Of Computational And Applied Mathematics, 2009. 16 (1): 49-54.

[144]　Yang, P., S. Fu. Supplier Selection Decision in the Consideration of Supply Chain Disruption Risks [C]. Proceedings of 2013 International Symposium on Applied Engineering, Technical Management, and Innovation, 2014: 244-248.

[145]　Ye, S., Z. Xiao, G. Zhu. Identification of supply chain disruptions with economic performance of firms using multi-category support vector machines [J]. International Journal of Production Research, 2015. 53 (10): 3086-3103.

[146]　Yu, H., A. Z. Zeng, L. Zhao. Single or dual sourcing: decision-making in the presence of supply chain disruption risks [J]. Omega-International Journal of Management Science, 2009. 37 (4): 788-800.

[147]　Zegordi, S. H., H. Davarzani. Developing a supply chain disruption analysis model: Application of colored Petri-nets [J]. Expert Systems with Applications, 2012. 39 (2): 2102-2111.

[148]　Zhang, D., et al. A study of emergency management of supply chain under supply disruption [J]. Neural Computing & Applications, 2014. 24 (1): 13-20.

[149]　Zhang, P., Y. Xiong, Z. Xiong. Coordination of a dual-channel supply chain after demand or production cost disruptions [J]. International Journal of Production Research, 2015. 53 (10): 3141-3160.

[150]　Zhang, W., et al. Coordination of supply chain with a revenue-sharing contractunder demand disruptions when retailers compete [J]. International Journal of Production Economics, 2012. 138 (1): 68-75.

[151]　Zhang, Z., H. Wang, X. Xu. Information Sharing Decisions in a Dual-Channel Supply Chain with Demand Disruption [C]. INTELLIGENT DECISION TECHNOLOGIES. Frontiers in Artificial Intelligence and Applications, 2013. 255: 245-254.

[152] Zhao, L. , L. Qu, M. Liu. DISRUPTION COORDINATION OF CLOSED-LOOP SUPPLY CHAIN NETWORK (I) -MODELS AND THEOREMS [J]. International Journal of Innovative Computing Information and Control, 2008. 4 (11): 2955-2964.

[153] Zheng, Y. T. , Y. S. Liu. An Analysis of Multi-class Support Vector Machines [J]. Computer Engineering and Applications, 2005 (23): 190-192.

[154] Zhu, C. Supply chain coordination under asymmetric disruptive demand [C]. FRONTIERS OF MANUFACTURING AND DESIGN SCIENCE, PTS 1-4, Applied Mechanics and Materials, 2011. 44-47: 96-100.

[155] Zhuang, P. , Q. Zhang. Supply Chain Disruption Management in a two-echelon Channel with Asymmetric Information [C]. 2013 10th International Conference on Service Systems and Service Management (Icsssm), 2013: 430-433.

[156] Zsidisin, G. A. , S. M. Wagner. DO PERCEPTIONS BECOME REALITY? THE MODERATING ROLE OF SUPPLY CHAIN RESILIENCY ON DISRUPTION OCCURRENCE [J]. Journal of Business Logistics, 2010. 31 (2): 1-20.

附录 A 供应链识别指标数值计算公式

1. 净收益（Net Profit，NP）

对于样本企业 i 而言，NP 的数值计算如下

$$NP_i = TI_i - TC_i \tag{1}$$

式中，TI_i 和 TC_i 分别代表企业 i 的收入和成本。

2. 应收账款周转率（Accounts Receivable Turnover，ART）

对于样本企业 i 而言，ART 的数值计算如下

$$ART_i = (NP_i - SR_i)/\bar{R}_i \tag{2}$$

$$\bar{R}_i = (BR_i + ER_i)/2 \tag{3}$$

式中，SR_i 和 $\bar{R}_i$ 代表销售收入和应收账款平均值。BR_i 和 ER_i 是企业 i 发布一次 SCD 公告时所处季度的开始和结束时的应收账款数值。

3. 库存周转率（Inventory Turnover，IT）

对于样本企业 i 而言，IT 的数值计算如下

$$ITR_i = SC_i/\bar{I}_i \tag{4}$$

$$\bar{I}_i = (BI_i + EI_i)/2 \tag{5}$$

式中，SC_i 和 $\bar{I}_i$ 分别为销售成本和库存量平均值。BI_i 和 EI_i 是企业 i 发布一次 SCD 公告时所处季度的开始和结束时的库存量。

4. 流动资产周转率（Current Asset Turnover，CAT）

对于样本企业 i 而言，CAT 的数值计算如下

$$CAT_i = SE_i/\overline{CA}_i \tag{6}$$

$$\overline{CA}_i = (BA_i + EA_i)/2 \tag{7}$$

式中，SE_i 是主营业务收入，$\overline{CA}_i$ 是流动资产平均值。BA_i 和 EA_i 企业 i 发布一次 SCD 公告时所处季度的开始和结束时的流动资产值。

5. 资产增长率（Assets Growth Rate，AGR）

对于样本企业 i 而言，AGR 的数值计算如下

$$AGR_i = (EA_i - BA_i)/BA_i \tag{8}$$

6. 资产负债率（Asset-Liability Ratio，ALR）

对于样本企业 i 而言，ALR 的数值计算如下

$$ALR_i = ED_i/EA_i \tag{9}$$

式中，ED_i 是企业 i 发布一次 SCD 公告时所处季度结束时的负债值。

7. 营运现金流量与销售收入比（Ratio of Operating Cash Flow to Sales Revenue，OCFS）

对于样本企业 i 而言，OCFS 的数值计算如下

$$OCFS_i = OCF_i/SR_i \tag{10}$$

8. 营运现金流量与负债比（Ratio of Operating Cash Flow to Debt，OCFD）

对于样本企业 i 而言，OCFD 的数值计算如下

$$OCFD_i = OCF_i/ED_i \tag{11}$$

附录 B 样本企业 926 份供应链突发事件公告描述统计结果

Firms of Manufacture Measure (80 firms)	Mean	Median	Std. Dev.	Maximum	Minimum
Net Profit (¥ million)	180.1198	54.0699	520.2947	25519.9325	-339.1829
Operating Income (¥ million)	2269.2813	820.1371	8081.0904	179568.4249	0.7072
Accounts Receivable Turnover (times)	128.5526	4.7663	3394.3813	101195.7859	-29.7481
Inventory Turnover (times)	4.6380	1.7488	68.2983	2705.9561	0.9052
Current Asset Turnover (times)	0.9265	0.5944	0.8229	12.4806	0.8676
Total Assets Growth Rate (%)	59.3788	13.9402	474.0682	12254.0559	147.9851
Asset-Liability Ratio	54.7979	68.8649	80.5131	1727.4685	2.5215
OCFS (%) *	-0.1168	0.2864	4.2126	117.5237	-96.9954
OCFD (%) *	0.4594	0.1339	15.7726	1204.5065	-45.3899
Firms of Agriculture Measure (53 firms)	Mean	Median	Std. Dev.	Maximum	Minimum
Net Profit (¥ million)	147.5765	41.3564	523.3465	19760.4510	-72.9086
Operating Income (¥ million)	2053.7513	567.4644	10823.5584	204133.1753	0.3058

附录 B 样本企业 926 份供应链突发事件公告描述统计结果

续表

Firms of Manufacture					
Accounts Receivable Turnover (times)	120.9484	4.5907	2130.8258	102270.9770	-29.9484
Inventory Turnover (times)	4.6154	1.7963	58.9725	4076.5245	0.4628
Current Asset Turnover (times)	0.8620	0.9650	0.8147	13.9077	0.1070
Total Assets Growth Rate (%)	52.9404	14.6295	436.9452	17075.7415	65.9103
Asset-Liability Ratio	57.0403	51.2217	59.8037	1764.1079	2.7073
OCFS (%) *	-0.1000	0.8304	4.8464	127.0073	-102.3914
OCFD (%) *	0.6587	0.7258	15.1844	1070.9026	31.1059
Firms of Financial Industry					
Measure (67 firms)	Mean	Median	Std. Dev.	Maximum	Minimum
Net Profit (¥ million)	151.8091	40.1437	736.3661	20843.2551	-443.4571
Operating Income (¥ million)	2337.1921	595.7491	8236.3259	194359.2941	0.8922
Accounts Receivable Turnover (times)	116.3342	4.8986	2491.8501	99522.5638	-24.0501
Inventory Turnover (times)	4.5854	1.4458	62.2529	2935.0828	0.3150
Current Asset Turnover (times)	0.9625	0.5478	0.9319	13.6796	0.5975
Total Assets Growth Rate (%)	51.8138	14.8897	531.4694	12348.9760	-96.2059
Asset-Liability Ratio	64.5617	57.8012	55.8730	2227.2177	2.9952
OCFS (%) *	-0.0937	0.1593	4.3831	114.2597	76.6401
OCFD (%) *	0.4009	0.1255	15.3430	998.3347	36.8364

附录 C 主成分评估指标数据(部分)

se_rt	se_mc/mi	se_c/i	se_ru	se_rd
1.43579	-0.94494	14.034	26.7612	1.29554
1.30723	-0.91189	9.07322	13.1269	2.86818
1.32846	-0.88985	8.71887	12.6535	2.88095
0.658533	-0.41609	0.78158	12.5406	1.99472
0.386079	-0.9229	9.92364	13.8987	1.34434
0.887347	-0.51525	5.67152	13.1699	1.32829
1.70117	-0.94494	6.30934	12.8117	1.3156
-0.04324	-0.93392	4.32501	12.8206	1.29787
-0.54333	-0.9174	3.12025	14.4479	0.575104
-0.14585	-0.86781	3.6872	16.9932	-0.07666
-0.30626	-0.82925	2.19895	11.6228	1.44172
2.28382	-0.9174	9.42756	12.0705	1.24629
1.41102	-0.58135	1.20679	14.4498	0.416306
1.44523	-0.93392	7.5141	7.7041	3.65844
0.035782	-0.93943	2.69503	12.0053	1.08100
0.831913	-0.59237	0.710711	10.3264	1.64421
-0.15765	-0.91189	6.30934	7.35816	3.59429
-0.29682	-0.70255	1.98635	12.6748	0.625777
1.68348	-0.93943	3.6872	7.22169	3.67583
-0.64122	-0.81823	1.84461	14.9897	-0.07517

续表

se_rt	se_mc/mi	se_c/i	se_ru	se_rd
0.68566	−0.92841	6.66368	7.11505	3.50167
−0.54333	−0.9174	0.78158	9.3702	1.83653
2.10926	−0.82374	5.81326	13.6765	0.106171
−0.04796	−0.54279	0.568974	9.74022	1.52962
0.020449	−0.8568	2.26982	12.5644	0.352364
−0.26498	−0.8568	3.54546	10.7517	0.978234
1.32846	−0.93392	14.2466	8.10324	2.29491
2.20951	−0.88985	4.39588	6.23973	3.84771
1.78845	−0.85129	6.30934	6.73581	3.33268
0.737556	−0.88985	5.31718	6.26675	3.80091
1.67758	−0.93943	2.90764	6.0208	4.04172
2.26967	−0.90638	5.88413	6.25721	3.74779
2.10808	−0.86231	8.4354	9.6722	1.20489
1.70353	−0.93392	5.88413	6.21797	3.65984
1.40159	−0.93392	2.48243	12.7215	0.018967
0.166701	−0.35549	0.923317	9.64565	1.16711
2.17531	−0.76315	0.852448	8.1933	1.97497
1.69173	−0.26184	2.97851	5.87526	4.0032
1.21523	−0.94494	10.9158	10.0691	0.908887
0.435616	−0.76315	4.89196	5.86609	3.82507
1.66107	−0.93943	6.09673	5.7263	3.98392
−0.37821	−0.93392	1.632	8.73138	1.49527
1.36149	−0.93392	5.88413	5.86533	3.65089
−0.07273	−0.87883	2.41156	11.3736	0.230247
2.25905	−0.74111	2.97851	6.81637	2.63132
−0.33339	−0.82925	0.639842	7.9881	1.66273
−1.01747	−0.94494	6.94716	8.08761	1.58953
1.56435	−0.91189	8.648	5.8441	3.42943
2.19654	−0.93943	6.73455	5.62821	3.66175

续表

se_rt	se_mc/mi	se_c/i	se_ru	se_rd
-0.15765	0.724256	4.11241	9.59307	0.764471
0.768222	-0.94494	12.5458	10.3723	0.435276
-0.79691	-0.92841	5.31718	5.46064	3.80341
1.41692	-0.88985	1.20679	9.2172	0.901841
0.960473	-0.94494	2.5533	5.35861	3.71155
1.14565	-0.94494	3.97067	5.60746	3.3933
2.26023	-0.92841	7.01802	9.46378	0.574967
0.976985	-0.82925	4.04154	5.43104	3.42343
0.896783	-0.92841	8.08105	8.8848	0.786344
2.23074	-0.86781	3.04938	6.48592	2.29299
2.19654	-0.83476	4.53762	9.38592	0.524838
2.17059	-0.86781	3.97067	5.22561	3.56121
2.27674	-0.94494	4.60849	5.64294	3.06135
-0.11519	-0.9174	5.10457	8.05118	1.16782
-0.51502	-0.87332	5.95499	8.89625	0.682019
-0.10104	-0.90638	1.27766	6.96723	1.81286
1.96183	-0.84578	5.17544	4.9293	3.80844
0.989959	-0.46567	1.4194	7.84893	1.20363
-0.15175	-0.84578	1.56114	7.25793	1.57704
-0.28385	-0.94494	13.1127	12.2777	-0.55008
0.524075	-0.91189	1.27766	7.9264	1.11627
-1.05639	-0.6089	0.427236	9.14795	0.485255
0.159624	-0.84578	3.6872	5.7149	2.7813
-0.77568	-0.92841	9.71103	9.5848	0.282997
0.986421	-0.87883	3.47459	5.97853	2.49838
-0.2638	-0.75213	1.70287	9.14453	0.454449
-0.19303	-0.82925	0.710711	7.27147	1.46226
-1.30644	-0.79069	0.78158	7.21533	1.47895
-0.54569	-0.85129	0.285499	6.92876	1.60869

附录C 主成分评估指标数据（部分）

续表

se_rt	se_mc/mi	se_c/i	se_ru	se_rd
-0.27913	-0.90638	6.38021	5.83764	2.47352
1.88045	-0.9174	4.89196	6.7418	1.69021
-1.00096	-0.9174	1.27766	9.08981	0.325844
1.56789	-0.88434	8.15192	7.28121	1.26683
0.625508	-0.93943	3.12025	4.72178	3.63941
-0.92429	-0.94494	4.75023	9.09503	0.298442
2.17059	-0.90087	6.02586	6.58154	1.70147
2.27792	-0.93943	10.3489	8.92223	0.338259
1.64574	-0.91189	3.6872	4.65395	3.62013
-0.1435	-0.87883	2.7659	5.70844	2.4003
1.15508	-0.15717	1.20679	6.63735	1.59971
1.03832	-0.94494	4.04154	4.59585	3.59952
0.741095	-0.86781	5.38804	5.0016	3.02598
-0.39354	-0.86781	2.12808	6.8937	1.31951
1.33554	-0.89536	8.29366	4.39332	3.82485
1.40513	-0.87332	3.8998	5.04173	2.93855
-0.04796	-0.65848	0.002024	6.14943	1.82319
2.26849	-0.92841	6.23847	6.88406	1.24487
1.91347	-0.88985	4.04154	4.81668	3.11021
-0.47964	-0.76315	0.356368	5.13127	2.72854
2.28618	-0.90087	0.002024	6.14943	1.75557
-0.92665	-0.92841	2.97851	6.04389	1.79476
0.688019	-0.83476	4.75023	5.06648	2.73904
0.638482	-0.9229	5.31718	4.17035	3.91331
-0.92783	-0.8568	2.90764	6.04959	1.75312
1.36267	-0.8568	5.67152	5.58128	2.14321
-0.09868	-0.88985	2.5533	6.3277	1.50928
1.87927	-0.93392	5.52978	4.31594	3.61821
0.482795	-0.90087	3.12025	4.14869	3.85804

续表

se_rt	se_mc/mi	se_c/i	se_ru	se_rd
2.11516	-0.92841	9.49843	8.26526	0.330352
-0.6601	-0.86781	1.632	7.11681	0.931008
-0.68958	-0.60339	1.49027	7.44437	0.708796
1.9465	-0.91189	9.21495	7.60164	0.613268
-0.30508	-0.70806	1.34853	8.88798	0.006786
1.40513	-0.79069	2.90764	4.06965	3.85177
1.18811	-0.87332	0.639842	6.75842	1.09793
-0.97501	-0.80171	0.285499	8.4735	0.170804
2.26967	-0.93392	5.17544	6.57313	1.21188
2.27085	-0.82925	4.18328	4.87534	2.72313
0.657354	-0.93943	8.36453	7.13785	0.819561
-0.07627	-0.92841	5.45891	6.28115	1.38443
1.97952	-0.88985	5.0337	4.07383	3.72992
2.26141	-0.93943	6.1676	6.8824	0.945643
2.13875	-0.80171	1.98635	8.61196	0.051426
0.757607	-0.88985	2.83677	3.90459	3.981
1.79906	-0.89536	3.75806	4.86741	2.64398
2.09393	-0.93392	1.56114	6.38018	1.24207
1.53015	-0.9174	5.0337	6.30186	1.29082
-0.73204	-0.81823	3.75806	4.35893	3.22866
-1.20618	-0.82374	0.427236	6.1235	1.40847
1.17867	-0.92841	3.82893	4.05493	3.65216
1.6705	-0.93943	2.83677	4.17263	3.43448
-0.44426	-0.74111	1.06505	7.84883	0.315784
2.26377	-0.94494	12.8293	9.148	-0.25196
-0.99742	-0.9174	3.75806	7.95186	0.226259
-0.90778	-0.62542	0.143761	6.05082	1.36065
0.159624	-0.88985	0.852448	9.29743	-0.3438
-0.25908	-0.8568	5.45891	7.61109	0.352519

附录C　主成分评估指标数据（部分）

续表

se_rt	se_mc/mi	se_c/i	se_ru	se_rd
0.732839	−0.90638	3.19111	3.83714	3.80231
0.130138	−0.88434	6.30934	5.83612	1.48633
−1.29228	−0.86231	0.498105	6.56591	0.948652
1.5844	−0.81823	5.88413	5.87141	1.4433
0.827195	−0.91189	5.17544	3.82531	3.79409
2.27085	−0.82925	6.80542	7.24012	0.516715
2.26849	−0.92841	3.6872	3.79658	3.81142
2.1187	−0.93392	7.15976	8.9077	−0.2586
0.222135	−0.94494	1.34853	3.72609	3.87604
1.84978	−0.9229	4.75023	5.31035	1.85806
−0.93255	−0.8568	6.87629	6.92016	0.656673
0.400233	−0.85129	0.498105	8.7538	−0.221
0.321209	−0.81273	7.65584	7.3639	0.368482
1.67286	−0.94494	2.34069	4.73075	2.33711
1.21523	−0.20675	0.498105	5.65496	1.44309
−0.09986	0.063189	0.710711	5.62375	1.46788
0.078242	−0.86781	4.82109	4.1703	3.00683
1.37328	−0.9174	4.96283	4.24383	2.88769
−0.18596	−0.88434	5.52978	7.7021	0.121804
−0.1836	−0.08555	0.356368	5.98332	1.13514
1.49241	−0.90087	1.91548	3.79021	3.53045
0.787093	−0.88985	6.38021	4.06785	3.10317
2.27085	−0.88985	5.52978	6.68927	0.654676
2.20126	−0.91189	8.01019	7.56497	0.173967
1.32139	−0.82374	4.60849	3.64895	3.7468
2.25551	−0.9174	4.75023	6.67478	0.654643
1.42754	−0.87883	7.37237	7.03202	0.433081
−0.37939	−0.86781	3.26198	3.52416	3.93037
1.5561	−0.90638	6.87629	6.03244	1.04047

续表

se_rt	se_mc/mi	se_c/i	se_ru	se_rd
1.57143	−0.90087	11.908	7.84783	−0.01164
0.058192	−0.94494	6.45107	9.53631	−0.64849
2.2048	−0.90638	6.73455	6.5793	0.64617
−0.46195	−0.28387	0.143761	5.1525	1.72163
0.022808	−0.93943	9.71103	6.56762	0.619816
−0.65892	−0.68051	4.53762	3.65099	3.55995
1.31785	−0.93392	3.04938	3.66961	3.50231
−0.66835	−0.92841	4.82109	3.54825	3.70608
2.20008	−0.86231	1.98635	5.81494	1.10444
1.77901	−0.91189	9.21495	7.8921	−0.1044
−1.30762	−0.82374	0.143761	5.20257	1.59216
−0.42303	−0.78518	0.852448	5.13084	1.64504
−0.51266	−0.85129	0.072893	5.18571	1.58178
1.39569	−0.93943	5.17544	6.38465	0.656092
2.15526	−0.93392	3.97067	4.7602	1.96738
2.12105	−0.90638	7.37237	6.85936	0.349106
−0.90542	−0.93943	7.86845	3.42133	3.77053
1.25534	−0.8568	2.48243	3.50056	3.61238
−0.18596	−0.4271	0.143761	5.05114	1.62542
1.59502	−0.361	2.62417	3.4808	3.6398
2.05383	−0.93943	5.24631	6.67264	0.415633
0.877911	−0.88985	3.40372	4.2254	2.49145
1.98542	−0.92841	6.94716	7.10223	0.155421
−0.18831	0.035644	0.21463	7.89248	−0.22099
2.13403	−0.93943	3.8998	4.84618	1.75562
0.021628	−0.94494	2.7659	3.88131	2.90949
−0.08806	−0.57033	4.39588	3.7619	3.07113
−0.23431	−0.80171	0.002024	4.95472	1.62933
0.144292	−0.9174	3.33285	3.22283	3.99865

附录C 主成分评估指标数据(部分)

续表

se_rt	se_mc/mi	se_c/i	se_ru	se_rd
0.222135	-0.85129	7.65584	7.58236	-0.11392
0.645559	-0.93392	3.40372	3.37753	3.67046
1.61271	-0.94494	3.19111	3.47847	3.48728
-0.77214	-0.63644	2.19895	8.44129	-0.48985
0.804785	-0.93943	7.15976	6.35254	0.502829
2.08449	-0.82374	2.12808	7.04266	0.114529
2.08921	-0.86231	3.26198	3.66852	3.12129
1.89106	-0.78518	0.285499	7.92796	-0.30693
2.27202	-0.85129	7.79758	7.7307	-0.22725
2.05147	-0.9174	4.25415	3.50749	3.3605
0.130138	-0.89536	7.15976	4.94341	1.54937

注：完整的主成分评估指标数据为62044行。